高觀接資

参与编写者：王小溪

其他供稿人：史怀正　冯良怡　梁鸿标

铸就

The
Model

[美] 罗兰士 著
Richard H. Lawrence, Jr.

中信出版集团 | 北京

图书在版编目(CIP)数据

铸就 / (美) 罗兰士著 . -- 北京：中信出版社，
2025.1. -- ISBN 978-7-5217-7216-6
Ⅰ. F832.39
中国国家版本馆 CIP 数据核字第 20244XJ442 号

铸就

著者：[美]罗兰士
出版发行：中信出版集团股份有限公司
（北京市朝阳区东三环北路 27 号嘉铭中心　邮编　100020）
承印者：三河市中晟雅豪印务有限公司

开本：787mm×1092mm 1/16　　印张：19　　字数：225 千字
版次：2025 年 1 月第 1 版　　印次：2025 年 1 月第 1 次印刷
书号：ISBN 978–7–5217–7216–6
定价：88.00 元

版权所有·侵权必究
如有印刷、装订问题，本公司负责调换。
服务热线：400-600-8099
投稿邮箱：author@citicpub.com

献给丽尔——

一路陪伴我走过高观投资历程的人生伴侣,

也是我最好的朋友。

专家推荐

高观投资在30年间年化14.3%的业绩记录非常出色,其团队如何实现这一成就是一个引人入胜的故事。

——普雷姆·瓦特萨(Prem Watsa),
加拿大枫信金融控股责任有限公司董事长兼首席执行官

高观投资框架为投资者带来了卓越的回报。

——保拉·沃伦特(Paula Volent),
洛克菲勒大学首席投资官

罗兰士30年来一直是投资界最低调的明星之一。

——泰德·西德斯(Ted Seides),
资本配置者(Capital Allocators)创始人

绝佳的投资法!这本书最打动我的,也是它区别于其他许多投资书的地方,那就是书中列举了大量成功、失败和险些失败的实战案例。这本书告诉我们,"在实践中学习"是在投资业中取得成功的不二之选。

——普拉克·普拉萨德(Pulak Prasad),
畅销书《我从达尔文那里学到的投资知识》作者

在书中,罗兰士先生毫不吝啬地分享他过去30多年来投资亚洲金融市场的宝贵经验,详尽揭示他所创立的高观投资长期保持高增长的成功窍门。罗兰士先生不仅是一位出色的投资者,更是一位卓越的教育家,多年来他在香港大力推广青年金融教育,激发了无数年轻人对价值投资的兴趣。我诚意推荐这本著作给所有追求长线资本增值的投资者。

——庄太量,
香港中文大学刘佐德全球经济及金融研究所常务所长

Z 世代投资俱乐部推荐

Z 世代投资俱乐部简介

Z 世代投资俱乐部（Z Club）由出口信也（Shinya Deguchi）和刘庭芝（Tiffany Liu）于 2018 年创立，致力于投资者教育和培养新一代长期投资者。我们欢迎来自各种背景、对投资充满热情的年轻人，并很高兴为他们提供资源，帮助他们成为优秀的投资者，拓宽视野并建立人脉网络。我们还组织许多活动，如与投资者会面、公司参访、教育讲座等，这些活动显著地帮助我们的会员提升了投资技能和市场洞察力。我们衷心感谢高观投资对 Z 世代投资俱乐部的支持。

1. 创始人出口信也推荐

这本书不仅是高观投资在过去 30 多年发展史上的一个关键里程碑，也是亚洲价值投资领域的一个重要标志。尽管高观投资的年均收益率高达 14.3%，但它在亚洲的知名度并不高，不过也赢得了众多机构投资者的尊敬。罗兰士于 1985 年抵达香港，并在1991年于中环一间无窗的办公室中创办了高观投资。他向读者展示了他在波动剧烈的股市中积累的丰富经验,特别是在1997—1998年亚洲金融危机和2008年全球金融危机中的经历。这本书之所以至关重要,是因为经历过这两场危机后依旧活跃的亚洲投资者并不多见。《铸就》为负责任的投资者提供了一个投资框架,其不仅旨在实现长期繁荣,还重在传授生存之道。在过去的30年中,亚洲出现了许多自称"亚洲巴菲特"的投资者,但如今他们已不复存在。在我看来,罗兰士并不自视为巴菲特的模仿者,而是将其看作竞争对手。

2. 俱乐部成员推荐

①作者的坦率给我留下了深刻印象。他不仅分享了自己的成功经历,还坦诚地讲述了许多失败的投资案例。此外,他还深入讨论了从这些失败中吸取的教训,我认为这对于此书的读者来说极具价值。

②从一开始,《铸就》一书的写作风格和叙事框架就给我带来了意外的惊喜。我原本以为这本书会充满枯燥的技术术语和投资原则,毕竟这些都是罗兰士所掌握和应用的。然而,作者将个人经历、现实案例与投资框架进行了巧妙融合,这无疑让这本书变得引人入胜。虽然市面上也有许多书和网站对于如何进行必要的研究提供了许多建议,但《铸就》无疑是其中的佼佼者。它不仅是一本个人理财指南,更是一本教导各类型投资者如何在投资一家公司之前进行深入研究的实用手册。

③我对高观投资30多年的发展历程及其持续成长的能力深感钦佩。《铸就》不仅是一本投资领域的著作,更是一部引人入

胜、令人屏息以待的非虚构叙事巨著。尤为特别的是，书中通过高观投资在亚洲金融危机期间向投资者发出的真实报告，生动再现了那段时期市场的动荡，也让我们深刻体会到投资者所经历的挑战。

④作者以独特的方式呈现了他的故事。这本书不同于那些"枯燥"的投资指南——它不传授"X好，Y不好"的简单原则，相反，它通过一系列历史事件的回顾，辅以当时的真实报告，展现了事件的全貌。这本书是值得投资者一读的佳作。书中的洞见不仅适用于亚洲市场，也适用于全球范围内希望提升投资技能的投资者，特别是那些需要与客户打交道且有雄心壮志的基金经理。

⑤凭借30多年的投资经验，高观投资历程中的每时每刻都充满了成败之后的坦诚，令人耳目一新。

⑥在过去几周里，《铸就》是我最早着迷的投资类书籍之一。我原本以为投资类书籍会非常偏技术性，但这本书给了我一个巨大的惊喜！这本书以真实的故事传递投资理念，既机智又超乎预期，达到了真正的目的。

⑦《铸就》一书汇集了作者30多年的股票投资心得。书中不仅涵盖了作者在牛市和熊市中的实战经验、操作策略、思考过程和深刻总结，还介绍了他独创的投资与决策框架。

⑧《铸就》是一本令人愉快的读物，因为罗兰士精于叙事。书中收录的投资者报告仿佛一台时光机，将读者带回那段惊心动魄的亚洲金融危机时期，让读者穿梭于数十年间在会议室和工厂中与企业高管会面的情景。每个故事都讲述得细致入微，并将事后的洞察和总结精准呈现。

⑨《铸就》的叙述简明易懂,非常适合投资新手。书中刻画了成功与失败的案例研究,以及亚洲一些最精明、经验丰富的投资者——高观投资委员会成员——的个人洞见。我强烈推荐这本书给所有对投资感兴趣的人,尤其是那些对亚洲市场有浓厚兴趣的投资者。

目录

CONTENTS

序言 III

前言　高观投资框架 V

第一部分 PART ONE —— 熊市

第1章　血雨腥风！1997年亚洲金融危机　　005

第2章　熊市的经验教训　　039

第二部分 PART TWO —— 高观投资框架

第3章　高观投资理念　　063

第4章　事与愿违　　089

第5章　高观商业操作　　101

第6章　高观投资安全边际　　115

第7章　方程式：高观投资的成功要素之一　　123

第8章　现代金融技术　　131

第三部分 PART THREE — 高观投资在中国（1985—2021年）

第9章　逐梦伊始：1985—2000年　　159
第10章　沙里淘金：2000—2013年　　169
第11章　寻宝归来：2013—2021年　　185

第四部分 PART FOUR — 高观投资之声

第12章　售股的艺术　　207
第13章　与高观投资共进午餐：卢敏放专访　　225
第14章　香港，我们的家　　235
第15章　环境、社会和治理：气候差异　　255

结语　高观投资框架不容小觑　　269
延伸阅读　熊市的价值　　273
致谢　　277

序言

我和我的合伙人在高观投资成立30周年之际合著了《铸就》一书的英文版。即便几乎没有任何广告宣传,本书仍然引起了亚洲年轻投资者的注意,他们对如何正确投资亚洲股票表现出了极大的热情。这些年轻的投资者聪明、好学、好胜,但由于投资界中缺少榜样,周围的投机者和经纪商又在不停地鼓吹交易量和当日交易,他们的成长受到了一定阻碍。

这些年轻人随后给我发来的感谢邮件让我意识到,面对在亚洲有着雄心壮志的广大基本面投资者,《铸就》能帮助到的还只是其中的一小部分。因此,我决定把本书翻译成中文。但我的第二本书 Carbon Done Correctly(《减碳之道》)的出版暂缓了这一项目的进度,而现在我终于可以激动地宣布:《铸就》中文版出炉了!

《铸就》概述了高观投资在30多年经营中所遵循的基本价值投资的原则。书中为基本面投资构建了一个框架,并提供了一套符合全球最佳实践要求的普适准则。我们也分享了成功的投资经验和从失败中吸取的惨痛教训。《铸就》这本书也许会让投机者、日内交易者、动量交易者和投资银行家大失所望，但如果你是寻求长期资本复利的基本面投资者，那么你能从本书中发现宝藏。

我在近40年前来到香港，那时的我对亚洲股市几乎一无所知，没有客户，不懂粤语，对亚洲也知之甚少。当时的中国、印度尼西亚和韩国的股票市场要么根本不存在，要么不对外国投资者开放。因此，今天每一位读者对亚洲投资的认知都已经远超于我在1985年的水平。如果说我通过高观投资框架取得了成功，那么正在读本书的你也可以。

在开启这段长达40年的亚洲股市历程之前，请先记住蕴藏在《铸就》中的四个简单真理。

- 努力工作。不要偷工减料。严于律己，始终如一地贯彻自己的投资理念。
- 抑制贪欲。贪婪是阻碍成功的魔鬼。你越不看重钱，反而会赚得越多。
- 密切关注亚洲上市公司共同面临的环境风险，通过投资，为子孙后代创造一个更可持续的世界。
- 享受过程。在未来的几十年里，你会逐渐意识到，投资的最大回报其实是这段经历，而不是金钱。

希望你喜欢《铸就》。我的邮箱是 rlawrence@themodel.com。欢迎读者来信。

——罗兰士

前言　高观投资框架

> 买一些股票，耐心等待上涨，然后卖掉。如果股票不涨，那就不要买。
>
> ——威尔·罗杰斯（Will Rogers），
> 美国幽默作家与社会评论家

新冠疫情的暴发给了我写书的时间，我的妻子丽尔的鼓励让我最终开始动笔。在那段日子里，我去不了亚洲，无法与高观投资者会面，也未能出席美国奥杜邦学会（National Audubon Society）的董事会会议。在各处受限的环境下，丽尔仍耐心十足地倾听我这个初次执笔的作者各种天马行空的想法。

本书记录了高观投资 30 余载风云际遇。它是我献给所有高观长期投资者的一份薄礼，是他们构筑了我们的"高观社群"，让我们得以倾注热忱投资于亚洲这一方兴未艾的地区。在此，我衷心感谢过去几十年始终对高观投资给予鼎力支持的所有同僚、高管、顾问和朋友。

不是我自夸，如果能够穿越回而立之年——那个时候我还在探索构筑高观投资框架——我正希望能读到这样一本书。

本书意在解答两个简单的问题：

（1）高观投资是如何成功的？
（2）高观投资如何能确保未来的成功？

30年来，我们以14.3%的速度持续增长，平均每年的表现较大盘高出6.5个百分点。更重要的是，我们为高观投资者带来了14.2%的回报。在我们的基金规模从小型扩增至中型，又发展为大型的过程中，我们始终跑赢大盘。以前我选股时，我们每次的表现都更胜一筹，现在我几乎不选股了，而我们的表现依然出类拔萃。

唯一合乎逻辑的可信解释便是，我们的成功源自对高观投资框架始终如一的贯彻，这让我们对未来充满信心。

本书以细腻的笔触详述从未披露过的高观投资框架（见图0-1）。通过了解环环相扣的六大要素，高观社群中的投资者能够轻易掌握高观投资框架的本质。然而，在这一历程中的精彩故事、波折经历、有趣的人物和公司、惨痛教训与欢乐时刻，却鲜为人知。

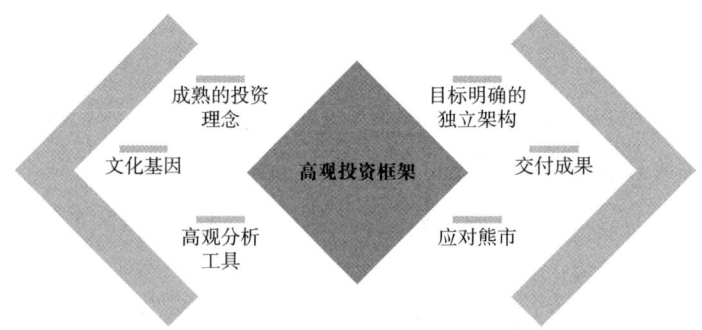

图0-1 高观投资框架

▶ 高观投资框架脉络

本书内容分为四大部分：

（1）熊市：此部分讲述了1997—1998年亚洲金融危机爆发，高观投资在亚洲经济濒临全线崩溃之际历经的浮沉。第一部分的最后一章总结了在熊市中幸存的重要经验教训。
（2）高观投资框架：此部分介绍了高观投资理念，以及其如何依托高观投资的商业操作，交付出色成果。我们将首次解读如何为投资者和公司实现安全边际。
（3）高观投资在中国（1985—2021年）：此部分追溯了高观投资从20世纪80年代开始逐梦，到近年来投资全球企业翘楚的发展历程。
（4）高观投资之声：高观投资委员会的四名成员围绕重要投资课题，分享各自的洞见。

▶ 如何讲述高观投资的故事

我们立足四个部分，将高观投资的故事娓娓道来。

第一，书中收录了有关公司、高管、员工以及重大事件的精彩故事。生活其实就是一连串的故事，而故事也丰富了我们的生活。我和合伙人们确实取得了一些成就，但在高观投资框架建立的过程中，失败案例所产生的巨大影响同样不容小觑，因此我们也将分享曾遭受的挫折。

书中除了惨痛教训和选股失败的故事，还穿插着对"亚洲新赢家"的介绍——它们是高观投资过去30年里投资的一些翘楚。

第二，我希望《铸就》能够成为一本相对严肃的投资书。经典投资著作是我生活的必需品，对我的职业生涯和高观投资的成功都大有裨益。读书和人际交往帮助高观投资获得了众多良师益友和好书：老罗兰士（Richard H. Lawrence, Sr.）、乔纳森·布什（Jonathan Bush）、本杰明·格雷厄姆（Benjamin Graham）、彼得·林奇（Peter Lynch）、沃伦·巴菲特（Warren Buffett）、麦嘉华（Marc Faber）、约翰·特莱恩（John Train）、利昂·利维（Leon Levy）、大卫·史文森（David Swensen）、约翰·聂夫（John Neff）、约翰·博格（John Bogle）、杰里米·格兰瑟姆（Jeremy Grantham）、《杰出投资者文摘》（Outstanding Investor Digest）、特许金融分析师必读的《经典：投资者选集》（Classics: An Investor's Anthology），以及科恩（Cohen）、津巴格（Zinbarg）和泽克尔（Zeikel）的《投资分析和投资组合管理》（Investment Analysis and Portfolio Management，这本书让我了解到杜邦模型）。这样的例子不胜枚举。能够站在这些巨人的肩头，高观投资倍感自豪。

以上以及众多未能提及的良师益友让高观投资像一块海绵一样迅速、大量地吸收着养分，并最终助力塑造了高观投资框架。我的父亲和乔纳森·布什控制管理资产规模的方式无疑推动了高观投资的法定认购上限的设立。麦嘉华对熊市的描述指导着我们度过艰难时期。约翰·聂夫对投资组合构建的思考方式影响了我们近30年。《杰出投资者文摘》上翔实的公司分析方式展示了我们需要对所持股份了解到何种细致入微的程度，这对高观投资而言至关重要。如此等等。

我并不期待自己能写出一本投资巨著，但我希望"高观投资理念与商业操作""亚洲新赢家""售股的艺术",以及讲述我们惨痛教训的故事能够为当前以及未来的投资专业人士略尽绵薄之力。

第三,我很高兴《铸就》给了我一个平台来感谢杰出的亚洲高管所做出的巨大贡献。

他们出色地管理着企业,与他们一起工作是一种享受。我非常敬佩当代亚洲企业家。当然,我也遇到过目中无人的自大狂和利欲熏心的管理者,但总体而言,亚洲的首席执行官们不仅直觉敏锐、聪明,而且有勇有谋、高瞻远瞩。长期以来,我一直认为优秀的企业领导力是一种天赋,但在过去的几十年里,我逐渐认识到,这是一种通过辛勤工作从头培养起来的技能。因此,这么多"亚洲新赢家"的出现也就不足为奇了。

第四,本书将节选高观投资季度报告中的内容,这些摘录与所讨论的主题直接相关,并且都是在事件发生时写下的。我希望这些实时报告能够提供准确的历史视角,以及只有第一手资料才会具备的洞察时效。其中的一些节选内容经过了适度编辑,以使其更加清晰明了,但保持原意不变。

▶ 高观投资的高管团队

要讲述高观投资的故事,就必须先介绍我们的高管团队。他们是让一切成真的关键。我们的团队规模不大,但目标明确,才华横溢,兢兢业业,具有完美执行高观投资框架的能力。高观投资的资深高管团队成员包括:

- 合伙人兼首席投资官：史怀正（James Squire）
- 合伙人：冯良怡（Leonie Foong）
- 合伙人：梁鸿标（William Leung）
- 合伙人兼首席运营官：莫艾伦（Alan Morgan）

多年来，对经典投资著作、杰出投资者和高潜力公司的专注与热情，将高观投资的员工紧紧凝聚在一起。

高观投资框架提供了一个合作的平台，整个团队共同努力收获的成就远大于任何个人独立取得的结果。我们一致认为，公司基本面分析对于投资决策而言至关重要，对团队精神的推崇让我们能够在亚洲各地稳健投资。

然而，团队的成功也不应掩盖个体为高观投资带来的多元化个性、经验和优势。我们共同面对着充满刺激、趣味和挑战的工作，所有人都积极贡献、热烈讨论、用心倾听并相互尊重。本书讲述的不是"我"，而是"我们"。诚然，我在 1991 年创立了高观投资有限公司，并构建了高观投资框架的核心组成部分，但其执行和所取得的成就都是"我们"的功劳。

▶ 经验教训

出乎意料的是，在写作本书的过程中，我们了解到了一些在高观投资 30 多年投资管理业务历史中，仅有耳闻但未知全貌的情况：

- 错误是用来学习的最好机会。

- 香港为我们提供了茁壮成长的肥沃土壤。
- 熊市是我们必须大显身手的重要时刻，在熊市中切不可错失良机。
- 亚洲新赢家在 1997 年亚洲金融危机、2008 年全球金融危机和 2007—2013 年的中国熊市中不断涌现，为高观投资带来了超额收益。新赢家如乱世英雄般崛起，展示了强大的亚洲企业领导力。
- 短期的成功固然可喜，但长期持有才是游戏的关键。高观投资 30 多年的历史，正是全体高观人最引以为豪的所在。
- 我们首次定义了什么是"高观投资安全边际"，在我从事投资管理业务的 40 多年来，一直没有对这一概念进行深入梳理。
- 而且我们发现，成功的资产管理公司在实现卓越业绩的同时，还需要通过有效的商业操作向股东交付业绩。

▶ 香港，我们的家

我在 1985 年来到香港，当时正值亚洲有史以来变革最剧烈的时期。我常说，与其说我聪明，不如说我幸运。在 1985 年的香港，我的幸运超乎想象。当时的香港，企业家云集，是冥冥之中吸引着我的梦想之地。

就在 1984 年，中英签署《关于香港问题的联合声明》，随着香港回归被提上日程，许多香港人移民温哥华，而我却认为这是香港即将大放异彩的信号。

中国领导人邓小平转变了国家的经济发展方向，我们也一步一步见证着这位"总设计师"成为 20 世纪最受高观投资尊敬的领导人之一。

经济特区的建立,标志着中国正在以前所未有的方式和速度发生巨变。香港的企业家们率先打开了通往世界的大门。

* * *

我们的故事从这天讲起:1997年6月30日,香港回归中国的前夜。当天晚上下着大雨,丽尔和我还有朋友们在我们位于太平山顶的公寓里开派对,等待着香港回归中国时刻的到来。

我当时并不知道两天后泰铢就会贬值,生活也将发生翻天覆地的变化,这是我从未经历过的,当然也没有做好准备。1997—1998年亚洲金融危机即将拉开序幕。

熊市

PART ONE

第一部分

BEAR MARKETS

生命在前瞻中展开，但只能从回首中理解。

——索伦·克尔凯郭尔（Søren Kierkegaard），
丹麦存在主义哲学家

20世纪90年代初，亚洲正处于蓬勃发展的繁荣时期。股市上涨，房地产市场突飞猛进，商业投资和制造业出口不断攀升。

但是，快速增长也给亚洲金融体系带来了压力。从20世纪90年代中期起，失衡开始显现：未对冲的美元债务过多，产能过剩，经常项目赤字不断膨胀。经济规律对这种失衡的容忍度是有限的，当必要的改革来得太慢时，危机便不可避免。1997年7月2日，举世震惊的1997年亚洲金融危机爆发，它不亚于一场经济噩梦。

本书第一部分第1章讲述的是高观投资在1997年亚洲金融危机中的经历。我们将按时间顺序呈现事件全貌，通过高观投资各季度的报告，感受噩耗和恐慌一步步地无情逼近。我们将从暴风雨前的平静讲起，1997年6月，当时我们大部分人的注意力都集中在即将于当月 30 日举行的香港政权交接仪式上。

1997 年亚洲金融危机的故事也是一个关于熊市的故事：困境如何激发变革，弱者如何被淘汰，新赢家如何崛起？

第一部分第 2 章将继续探讨从熊市投资中吸取的经验教训。

· 第 1 章 ·

血雨腥风！
1997 年亚洲金融危机

我从未耳闻，或亲眼见过像亚洲在过去六个月里发生的这种完全出乎意料的经济崩溃和大规模财富缩水。

——麦嘉华，《股市荣枯及厄运报告》作者，
1998 年 2 月 12 日

▶ 高枕无忧

好消息

1997年6月,一切看似完美无缺。6年前,我创立了高观投资有限公司。我与妻子和两个年幼的孩子在香港幸福地生活着,从事着我一直想做的工作:在亚洲选股。

高观投资在熊市(或者说我们认为的熊市)中一直保持着冷静与清醒。

1996年,泰国市场下跌36.8%,韩国市场下跌32.8%,而反观高观投资,却在当年增长7.9%。

1997年上半年,泰国市场再次下跌34.7%,而高观投资同期增长6.4%,自成立以来增长达282.7%。

高观投资高枕无忧,我们做足了功课,进行了全面分析,走访了各家公司,最后得出结论:我们投资的公司利润颇丰、茁壮成长、势头强劲。

我曾乐观地向高观投资者报告说，在未来几个月内，"坚持最终会给我们的投资者带来回报"。

坏消息

我本该有所警觉的。

金融媒体曾援引沃伦·巴菲特的话说，投资者不必担心经济形势，他们只需关注个别公司的实力和前景。我很后悔读了那篇文章。

警示信号正明晃晃地亮在眼前。我在大学主修经济学，自认为至少对宏观经济趋势有着相当的了解。我意识到了亚洲的经济过热和失衡，但……请见上一段。

我们确定了投资组合的地域分配，包括：泰国29.3%、印度尼西亚28.1%、韩国14.5%。我们将总计约72%的投资组合分配给了这三个国家。但仅在一年之内，三国便都需要国际货币基金组织提供紧急资金才能勉强维持。

1997年6月24日，我们还在庆幸没有对货币头寸进行对冲。现在想来，错得可笑。

▶ 1997年6月24日：濒临绝境

高观投资表现：较高点下跌1.1%

以下是我们在1997年6月24日发送给高观投资者的季度报告，其中详述了亚洲经济和公司所面临的与日俱增的压力。

在写这封信的时候，我有一种似曾相识的感觉，于是不得不再次聊聊泰国的事件。经济学家、分析师、基金经理和记者一面倒地抨击泰国，预言经济萧条、货币大幅贬值、不良贷款激增、政治无能和严重的经济管理不善。多年以来，我从未见过如此单向的市场，于是只能得出这样的结论：它们并不持有我们所投资的股票。

泰国的问题主要集中在高额的经常项目赤字，过去对曼谷房地产等许多非经营性资产的过度投资，对金融公司监管不严导致的不良贷款上升以及固定汇率制度。所有这些问题都有解决的办法，但对基金经理和分析师来说，这些办法来得太慢了。坦率地讲，政府在维持信心方面做得很差，这导致问题随着股市的每次下跌而越积越多。

我们认为，在股市下跌后再来救市毫无意义，因此我们选择蛰伏，密切关注业务。万幸的是我们不持有任何杠杆房地产公司或储备不足的金融公司的股票，而且迄今为止也没有对货币头寸进行对冲。

情况怎么会如此迅速地一落千丈？

在报告发出后的 7 月 2 日，随着跑马地马场的一声发令枪响，亚洲货币以泰铢贬值为开端开始崩溃，然后像病毒一样迅速蔓延到整个地区。

伴随着货币暴跌而来的信心崩塌更是火上浇油。外资，即所谓的"热钱"，在恐慌中撤出亚洲，压低了股价，对货币造成了更大的下行压力，同时增加了利率的上行压力。

于高观投资而言，已是无处可藏。这已经够糟糕了，但经济崩溃还暴露了亚洲金融体系的一个毁灭性弱点，我们称之为"破产炸弹"。

亚洲的破产炸弹

在20世纪90年代初，许多亚洲公司都用美元贷款，这是因为美元债务的利率要低得多，在货币稳定的情况下，这不失为明智之举。

例如，1995年1月，在泰国贷款利率接近14%时，一家公司可能会以8%的利率借贷1亿美元。只要泰铢兑美元的汇率固定在25∶1，风险便极小，公司就可以节省大量利息。着实为一步好棋。为了不抵消利率优势，大多数公司都没有对冲外汇敞口。

然而，当泰铢兑美元的汇率从25∶1降到50∶1时，以当地货币计算的1亿美元贷款就从25亿泰铢增加到50亿泰铢。换句话说，公司现在需要赚取两倍的泰铢才能偿还同样的美元贷款。在无数案例中，破产随之而来。

因此，未对冲美元债务的泛滥已成为公司的"破产炸弹"，进而影响到整个经济体。

没有一个持有未对冲美元债务的投资者能够在货币危机中独善其身，而高观投资在适度信贷理念的影响下，意识到了其中的危险，没有直接接触任何采取这种操作的公司。我们更青睐低债务、高现金流、高收益，以及可以通过内部现金流实现增长的公司，我们称之为"防弹资产负债表"。印度尼西亚金融服务企业BBL Dharmala就是这样一家公司。

雅加达的强盗和破产炸弹

1997年6月,我们致信高观投资者,介绍了我们对BBL Dharmala的投资,该公司为印度尼西亚的重型设备、商用车和乘用车的采购提供融资。我们熟悉该行业,自1992年以来,我们在亚洲各地对利基金融公司进行了成功的投资。

BBL Dharmala符合所有条件,是一家管理良好的公司。我们持有其股份已有4年,在此期间,每股收益的复合增长率达33.4%,其贷款组合的平均利率差为6.9%。泰国最大的私人银行盘谷银行是BBL Dharmala的合资伙伴,这让我们对公司治理感到放心。更重要的是,BBL Dharmala的美元债务得到了充分对冲。我们以低价买入股票,并断定对BBL Dharmala的这项投资颇为明智,其具有在投资组合中长期持有的潜力。

能出什么问题?

1997年6月,印度尼西亚盾兑美元的汇率约为2 500∶1。7个月后的1998年1月,印度尼西亚盾兑美元的汇率已跌至近10 000∶1,跌幅之大令人咋舌。

我们没有对BBL Dharmala产生丝毫的担忧,因为如前所述,其美元债务得到了充分对冲。

出了什么问题?

拥有BBL Dharmala控股权的贡多库苏莫(Gondokusumo)家

族私吞了货币对冲。没错，1998年1月，贡多库苏莫家族为了保护个人利益，将对冲从BBL Dharmala转移了出去。这本不应发生，但根据印度尼西亚法律，我们几乎没有追索权。我们试图寻求盘谷银行的帮助，但当时的盘谷银行正在泰国的死亡线上苦苦挣扎，求助无济于事。对贡多库苏莫家族而言，1亿美元的货币对冲比他们持有的部分BBL Dharmala股份更有价值，因此他们牺牲了公司及其股东，拿走了对冲，并逃脱了惩罚。反乌托邦式的贪婪闯进熊市。

没有了货币对冲，BBL Dharmala即刻破产。我们以极低的价格卖掉了股份，6年的内部收益率为–57.4%。而贡多库苏莫家族无一人入狱。

▶ 1997年9月：超现实疯狂

高观投资表现：较高点下跌25.4%

1997年第三季度：前方战报

1997年7月2日：泰铢贬值，一天之内跌幅达20%。其他亚洲货币开始动摇。

1997年7月24日：货币紧张演变成恐慌。崩溃席卷亚洲。

1997年8月14日：亚洲股市暴跌。所有人纷纷逃离。

1997年9月4日：菲律宾比索跌至历史最低点。马来西亚总理马哈蒂尔·穆罕默德（Mahathir Mohamad）发誓要通过一项200亿美元的救市计划来打击外国投机者，但并没有奏效。

与高点相比，25.4% 的跌幅无从辩解。但 1997 年 9 月的亚洲到底是什么样子呢？一幅画胜过千言万语，那就是爱德华·蒙克（Edvard Munch）的《呐喊》。

人在惊慌失措的时候，总是强装镇定。现在再看到我在 1997 年 9 月报告中的那两句自我安慰式的轻描淡写，不禁感到可笑：

"亚洲股权投资者的处境仍然极为艰难。"

"我们坚信，我们持有的公司能够生存下去，它们拥有足以依存的资产负债表和现金流，到目前为止，其业务均表现出强大的韧性。"

隐藏在字里行间的是每天 16 小时的工作、无数个不眠之夜、无休止的坏消息，以及下跌时的疯狂。

在 1997 年 9 月的同一份报告中，我们也复盘了投资组合中独秀的一只——宾唐啤酒（Multi Bintang）。其幸存实录反映了那个时代的超现实疯狂。

谢谢你，宾唐啤酒

我与宾唐啤酒的初遇是在 1985 年，当时我和妻子正在巴厘岛的海滩上散步。我们遇到一个在海滩上耙地的年轻人，他戴着一顶印有宾唐啤酒标志的帽子。在赤道的炎炎烈日下，他没有穿上衣，我没有戴帽子（我的帽子在最近的一次旅行中弄丢了）。于是我走近他，想要用我的美国佩普男孩（Pep Boys）T 恤换他的宾唐啤酒帽子，他欣然同意。我当时怎么也不会想到，8 年后，高观投资将拥有这家公司 2% 的股份。

1997 年 9 月，我们写道：

> 宾唐啤酒是印度尼西亚知名啤酒生产商，由荷兰喜力啤酒公司所有并经营。在不断增长且利润丰厚的啤酒市场中，宾唐所占市场份额在 80% 以上。该公司在增长和盈利能力方面的成绩亮眼，从 1987 年到 1996 年，销售额和净利润的复合增长率分别为 20.6% 和 22.3%。同期 34.8% 的平均净资产收益率让宾唐保持了 73% 的平均派息率和适度的债务水平。
>
> 综观发生在东南亚的种种乱象，在细枝末节上的误判，无论是正面还是负面，都为高观投资带来了机遇。喜力的优秀管理、宾唐的"防弹资产负债表"、印度尼西亚极低的人均啤酒消费量，以及该公司过去以美元计算的利润增长记录，都吸引着我们。该股的市盈率略高于 10 倍，股息率为 5.0%，公司的复合增长目标为 20%。如果宾唐啤酒遭遇抛售，我们将寻求增持。

故事并没有就此结束。

雅加达的不祥之兆

尽管宾唐啤酒优势明显且颇具韧性，但我们对印度尼西亚的经济前景越发感到震惊。情况飞速恶化，以至于经济新闻在发布的那一刻就已经成为旧闻。我必须亲自了解情况，因此我决定飞往印度尼西亚，走访我们在当地的各家公司。

我住在雅加达的希尔顿酒店，因为那里紧靠交通枢纽，地理位置优越，而且在一天漫长的会议之后，我还可以打打网球。

一天傍晚，大量的运动和潮湿的天气使我热得汗流浃背。当我穿过酒店的露天庭院时，看到一群人正在仔细检查散落在地上的物品。只有一个人指着那堆东西在讲话，其他人一边听一边点头。我好奇地放慢脚步，想看个究竟。

自动步枪和手枪就摆在那里，一目了然。讲话的人显然是个军火商，在希尔顿酒店里兜售军火。我心头一震，快步往前走。情况不妙，非常不妙。这对印度尼西亚来说是个不祥之兆。

无论腐败的独裁者为保护自己的权力建立了多么坚固的防御工事，事实都将证明，经济最终会成为他们的致命弱点。在印度尼西亚，经济崩盘尤为严重。货币崩溃，股市崩溃。利率飙升至99%，如果不是因为银行的IT（信息技术）系统阻止其上升到三位数，这一数字恐怕会更高。大规模失业使人民陷入绝境。执政32年的苏哈托总统勉强维持着权力。1998年5月，印度尼西亚各地爆发骚乱。

在宾唐啤酒工厂所在的雅加达工业卫星城丹格朗，暴徒投掷石块、打破窗户、焚烧建筑物并抢劫商店。在宾唐的工厂，厂房前方的办公楼被完全夷为平地。不幸中的万幸，所有员工都逃到了公司后方未被破坏的酿酒厂大楼里，无人伤亡。

宾唐啤酒的故事最终迎来大团圆结局。1998年5月21日，苏哈托总统因民众起义而被迫下台。印度尼西亚最终恢复了经济健康。宾唐啤酒凭借着过往80年在印度尼西亚经历的各种险境，在1997年的金融危机中独善其身，并继续发展壮大。多年来，该公司一直在高观的投资组合中，并成为我们一致认定的成功的长期投资项目。我们最终在 19.2 年后卖掉了这些股票，以美元计算的内部收益率达 19.5%。

▶ 1997 年 12 月：战地一线

高观投资表现：较高点下跌 49.1%

> **1997 年第四季度：前方战报**
>
> 　　1997 年 10 月 23—28 日：由于对利率和港元下行压力的担忧，香港股市在四天内损失了近 1/4 的市值，其他亚洲股市也大幅下挫。
>
> 　　1997 年 11 月 7 日：韩国股市下跌 7%，创下迄今为止最大单日跌幅。
>
> 　　1997 年 11 月 17 日：韩国央行放弃了捍卫韩元，韩元兑美元汇率跌至 1 000 韩元的历史最低点。
>
> 　　1997 年 11 月 24 日：由于担心国际货币基金组织可能要求韩国进行严厉的改革，韩国股市下跌 7.2%。
>
> 　　1997 年 12 月 8 日：泰国政府宣布将关闭 56 家资不抵债的金融公司，以践行国际货币基金组织的经济重组计划。30 000 名白领工人失业。

　　我们的老朋友麦嘉华在最新的《股市荣枯及厄运报告》中指出，要实现积累财富的目标，需要"勇气、热情、牺牲、耐力，有时还要承担风险"。当然，我可以确定此言非虚，但也许还可以再补充一些，比如：厚脸皮、多运动、幽默感、善解人意的伴侣和尽职尽责的员工。我父亲总是说:"你需要挺到熊市的终点。"他是对的!

——罗兰士,1997年12月

这是我们在1997年12月的报告中讲述的熊市前线的故事:

1997年,亚洲的资本市场、货币和信心同时崩溃,关键弱点暴露无遗,并导致超过3.8亿人的人均美元收入大幅下降。在18年的投资生涯中,我从未目睹过如此惨烈和混乱的商业环境与财富逆转。

不用说,股权投资者遭受了巨大的损失,政府和央行官员的最后一丝狡辩都被市场与货币狠狠打脸,下跌根本无法停止。尽管股价下跌已经在很大程度上抵消了经济内爆的影响,但痛苦可能远没有结束。

高观投资组合的价值猛跌49.1%,其中38%是货币损失,62%是股票仓位损失。截至当时,泰国和印度尼西亚是高观投资损失最惨重的地区,占总损失的74%,但各个市场和各种货币(除港元外)无一幸免。可以说,我们在亚洲无处藏身。

尽管我们在初秋时已经采取了防御措施,但坦率地讲,亚洲的抛售势头势不可当,高观投资在11月和12月的跌势证明了这一点。我们看到许多我们投资的股票被投资者抛售,他们无视价值,只想退出,而且是迅速退出。

面对经济和商业的急剧恶化,我们在战壕中为保值而战,因此很容易忽视当时摆在所有亚洲合作伙伴面前的机遇。对于身在海外的投资者而言，眼睁睁地看着自己的财富在遥远的国度蒸发，而不是像道琼斯指数那样毫不费力地一路上扬，他们必定难以对亚洲的优势和在这里投资的吸引力保持积极的态度。

以下是逃离市场的示意图（见图1-1）。

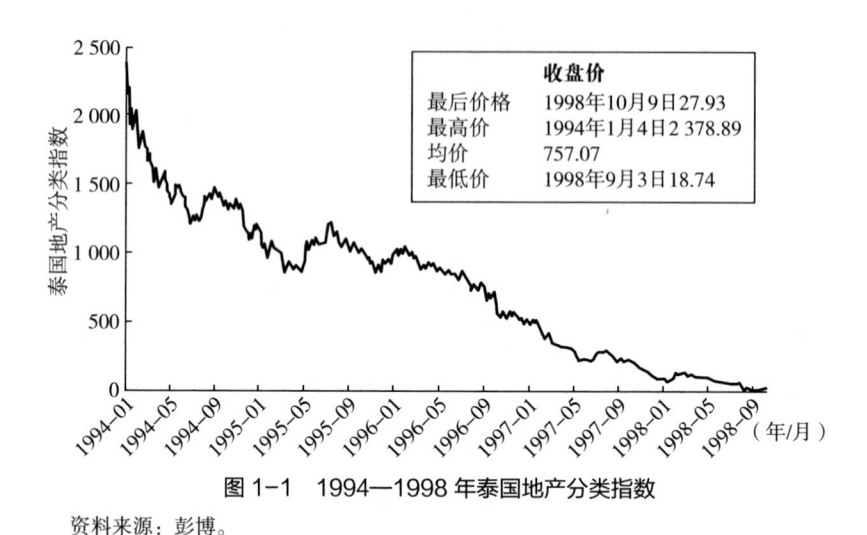

收盘价
最后价格　1998年10月9日27.93
最高价　　1994年1月4日2 378.89
均价　　　757.07
最低价　　1998年9月3日18.74

图1-1　1994—1998年泰国地产分类指数

资料来源：彭博。

泰国地产分类指数从2 400点跌至30点，以当地货币计算下跌了98.7%，以美元计算下跌了99.3%，而这是一个综合指数！为了让大家对99.3%的跌幅有一个概念，假设你持有的股票下跌了80%，然后又下跌了80%，要达到99.3%的跌幅，这只股票必须再下跌80%。也就是说，连续三次下跌80%！

▶ 晚安香港，早安纽约

在1997年底和1998年初，在经历了漫长的熊市疯狂之后，在家与家人享受一晚放松的时光成了一种奢望，就像喝杯啤酒，和妻子聊聊天，与孩子们游戏，一起吃顿晚饭，遛遛狗，哄孩子们睡觉，读读书，然后互道晚安……

这些统统没有。业绩下降了49.1%，我只能做到哄孩子睡觉。香港当地时间晚上 9:00，即纽约当地时间早上 8:00，再过一个小时，客户就会到达他们在纽约的办公室，然后我要打电话向他们解释高观投资的情况。在这一个小时里，我需要为这些电话做准备。我到现在还能感觉到当时胃里的翻江倒海，我不想打电话，我害怕，无论我说得有多乐观，明天一早市场都会下跌。

大厦将倾。到 1997 年 12 月底，高观投资已经连续 5 个月每月下跌超过 10%，这一趋势一直持续到 1998 年 1 月。我有家庭，每个月都有账单要付，每个月的房租是 13 000 美元（当时的香港是全球房租最昂贵的城市之一），除此之外还要支付高观投资的办公室租金和员工工资。如果高观投资倒闭，我也会破产。我必须打这些电话。我知道熊市终将结束，我知道高观投资能够成功，但我需要让客户相信这一点。

"您好，我是罗兰士，从香港打来的。"

"哦，香港？"助理惊讶道，就好像不知道香港在哪里，"我马上给您转接。"

令我大失所望的是，电话总是能接通。然后，一大早我就会用来自亚洲的消息给投资者当头一棒。"是的，本月我们的跌幅又超过了 10%。是的，韩国即将求助于国际货币基金组织。是的，整个地区的学生都在抗议。是的，商业环境令人绝望。但您知道泰国再保险公司（Thai Re）在本季度又有增长吗？"

但凡几个大客户退出，高观投资可能就活不下去了。所以，我坚持打这些电话。尽管客户们不断质问我,但他们还是听我把话说完了。大多数人并没有特别愤怒,反而对我的遭遇感同身受,因为他们都是经验丰富的投资者,在职业生涯中经历过熊市。而且标准普尔 500 指数在 1997 年上涨了 31%,抵消了亚洲股市的惨淡下跌,所以这些损失并未伤筋动骨。

但熊市尚未结束:还能糟到哪里去呢?

▶ 1998 年 3 月:要去麦当劳打工了?

高观投资表现:较高点下跌 50.6%

1998 年第一季度:前方战报

1998 年 1 月 8 日:印度尼西亚盾跌至历史最低点。

1998 年 1 月 12 日:百富勤投资申请清算。恒生指数暴跌。

1998 年 1 月 15 日:印度尼西亚食品价格涨幅高达 80%。

1998 年 1 月 22 日:韩国官员试图重组该国的短期债务。印度尼西亚盾兑美元汇率跌至 12 000 印度尼西亚盾的历史新低。

1998 年 3 月 24 日:印度尼西亚发生粮食骚乱。美国提供 7 000 万美元的食品和医疗紧急援助。

1998 年 2 月,高观投资迎来了自 1997 年 5 月以来的首月正向收益。而我们并没有感到宽慰:尽管单月业绩喜人,但我们仍然对挥之不去的经济动荡保持警惕。高观投资团队在经历了长达 8 个月的惩罚性下跌后,已经身心俱疲。

烙汉堡肉饼或炸薯条

我不需要怀念熊市之前的"美好旧时光",也没有对未来可能出现的好转过于乐观。我们需要着眼当下,必须设法度过这场危机,保护投资组合,尽力保护我们自己。

我常常感觉自己陷入了一场永无止境的苦苦挣扎,不可避免的、无休止的消极情绪是症结所在:我们每个人都忧愁满腹。

然而,有一个人为我卸下了重担:泰国再保险公司的首席执行官素拉猜·西里瓦洛普(Surachai Sirivallop)。泰国再保险公司是泰国首屈一指的再保险公司,也是我们当时最大的持仓。

经过一段时间后,我们才意识到泰国再保险公司的特殊性。高观投资曾于1993年买入其股份,于1994年1月卖出。而到1996年,高观投资已经积累了5.4%的股权。我们写道:"1990年,在友邦保险做得风生水起的素拉猜出任泰国再保险公司的董事总经理,该公司的潜力自此开始显露。在他的有力领导下,泰国再保险公司成长为泰国领先的非寿险公司,企业出色的业绩记录就是最好的证明。自1988年以来,其净保费年增长率达26.5%。"素拉猜是泰国保险业的"圣王"。

熊市在1996年降临泰国,在1997年席卷整个亚洲。与众多亚洲公司不同的是,泰国再保险公司已经为经济形势的恶化做好了准备。1997年,该公司的净利润增长了15.4%,这几乎是一个奇迹,其6年来的净利润复合增长率高达37.3%,没有一个季度出现下滑。到1998年3月,泰国再保险公司已成为高观投资组合中最大的持仓。不管是好是坏,我们都把希望寄托在了这位亚洲最有能力的保险业高管——素拉猜的身上。

每当沉重的忧虑就要把我们压垮时，素拉猜和泰国再保险公司的又一次正向季度报告就会推动我们继续前进。

在亚洲金融危机过去多年之后，我曾向素拉猜承认，只要泰国再保险公司在1997—1998年的报告中有一个季度的业绩出现下滑，我就会放弃，然后去美国的麦当劳找一份烙汉堡肉饼的工作，他回复我说："如果那样的话，我就会在你旁边炸薯条！"素拉猜是一位精致的绅士、一名才华横溢的管理者，也是"高观名人堂"的成员，我们以此来表彰最值得尊敬的杰出公司高管。

在素拉猜的领导下，泰国再保险公司成为最受高观投资尊敬和青睐的所持有企业之一。该公司在我们的投资组合中存在了22年之久，是"高观二十年俱乐部"的先驱成员。

与此同时，战火仍在燃烧

节选自高观投资1998年3月的报告：

在海外流动性和经常账户大幅改善的支持下，亚洲股市和货币在第一季度出现反弹。高观投资在一定程度上滞后于经济复苏，部分原因是投资者迄今为止一直关注大盘股，还因为我们仍对货币进行对冲并持有现金。如果反弹持续，我们的投资组合将受益于更广泛的买盘和主要持仓的廉价估值。如果在接下来的几个月里反弹有所减弱，货币提供的保护将为我们带来宝贵的稳定性。

1998年于亚洲而言，将是一场马拉松，我们对高观投资组合的前景感到兴奋。该投资组合的售价是1998年每股收益估值的 5.4 倍，其中还不乏一些绝对廉价的股票。我们可能会落后一段时间，但随着本地投资者重返股市，我相信未来可期。

亚洲仍存在着巨大的宏观挑战，包括日元汇率水平、产能过剩（尤其是房地产）、银行系统的资本重组、美国和欧洲股市过热以及中国与通货紧缩的持续斗争。其中任何一个领域出现问题，都可能给股价带来短期冲击。在这种环境下，我们对追逐股票仍持谨慎态度。不过，我们相信回调会带来买入机会，并且我们已经建立了一份在未来下行时计划买入的目标股票清单。

▶ 1998年6月：听够了吗？

高观投资表现：较高点下跌 59.5%

> **1998 年第二季度：前方战报**
>
> 1998 年 5 月 5 日：印度尼西亚民众走上街头抗议食品和燃料价格上涨，谴责苏哈托并要求改革。
>
> 1998 年 5 月 21 日：执政 32 年的印度尼西亚总统苏哈托被迫下台。
>
> 1998 年 5 月 27 日：俄罗斯经济濒临崩溃。亚洲和欧洲金融市场暴跌。港股下跌 5.3%，印度尼西亚股票下跌 3.9%。
>
> 1998 年 5 月 27—28 日：韩国工人集体罢工。自 2 月以来，韩国平均每天裁员 10 000 人。

但我还没说完……

1998年6月初,耶鲁投资办公室首席投资官大卫·史文森和同事迪安·高桥(Dean Takahashi)一同来到亚洲,要求在香港与我会面。耶鲁投资办公室当时已经是高观投资者之一,并经历了我们59.5%的下跌。我认识大卫和迪安,在整个熊市期间,我一直害怕接到来自他们的深夜电话。

出于行程安排的原因,会面只能选在星期日。那时正值香港的夏季,我仍记得周末的空调费让我心烦意乱,这也许正来自熊市带来的节俭,也可能缘于妻子对下一期房租的担忧。

为了这次会面,我准备了一份详细的清单,列出在经历了近一年的残酷熊市之后,我认为在亚洲投资存在的风险。我对此进行了逐一阐述,并说明了高观投资针对每一项风险的投资组合管理方式。20多分钟后,大卫转向迪安说:"迪安,你听够了吗?""听够了。"我抬起手,并竖起食指说道:"但我还没说完。"如果耶鲁想要赎回资金,那么至少要听我把话说完。

他们礼貌地让我继续讲下去。在我的一番长篇大论结束之后,大卫说:"谢谢你,罗兰士,我受益匪浅,但实际上,我们今天来是想告诉你,我们想再向高观投资3 000万美元。"

耶鲁的追加投资在9月到账。11个月以来,我第一次确定还能付得起孩子们的学费,高观投资也可以生存下去。但我们还没有走出困境。

* * *

在1998年6月致高观投资者的信中,我们看到了漫长隧道尽头的第一缕曙光:

亚洲的改革议程：蜕变

变革的决心在整个亚洲前所未有地坚定，并将最终支撑起另一个亚洲牛市。一年前，亚洲还缺乏变革的意愿，但在过去6个月里，亚洲人已达成广泛共识，认为变革对亚洲的存亡至关重要，更不用说对未来的增长。在我看来最重要的是，亚洲各国政府和人民选择了正确的变革之路——强调自由、开放并加强市场经济。

具体而言，我们想要指出的是，几乎所有亚洲国家都在以下领域展开改革，只是力度和效果有所不同。

- 政治改革，旨在加强透明度、民主治理、诚实选举和官僚问责制。
- 加强银行的监管，从而限制风险的集中，以及房地产等非生产性经济部门的贷款敞口。
- 更严格的不良贷款拨备规定，迫使银行股东进行资本重组，否则将面临国有化。
- 放宽外资所有权限制并减少受保护行业，从而吸引外国投资者进入亚洲。
- 政府重新关注国有资产私有化，将重建政府的资产负债表。
- 在失业工人安全网的支持下，更自由的劳动法将使企业能够有效重组。

值得肯定的是，这一系列的改革打破了政客们一贯以拉帮结派、印钞、加税或打击政治异见作为应对社会和经济问题解决方案的常规操作。虽然进步从来都不是一蹴而就的，但重要的是，改革议程终于迎来拨乱反正。

改革的经济背景

不幸的是，改革面临着极其严峻的经济形势。我认为，亚洲当前正处于经济萧条期，按照《美国传统词典》上的定义，这是"国家或国际经济急剧衰退的时期，其特点是商业活动减少、物价下跌以及失业"。以下词语经常出现在人们的日常生活中：负面的贸易条件、资产通缩、流动性陷阱、消费崩溃、压力测试、Z分数（一种衡量公司破产可能性的方程式）。而这些令人不安的词语恰恰反映了亚洲在过去12个月里的急剧崩溃。

长远未来将何去何从？

如果说亚洲因为这段经历而在相当长的一段时间内不会重蹈覆辙，那实在是有些轻描淡写。正如1929年之于我的祖父母一辈，1973—1974年之于我的父辈一样，眼见着资金充足、管理得当的公司在过去一年中遭受重创，是我难以迅速抛之脑后的记忆。亚洲要回归基本面！

我越发相信，下一个周期将为亚洲带来更高的净资产收益率。推动亚洲企业投资回报提高的因素不胜枚举。

- 竞争减少，盈利能力提高。
- 提高企业资产（包括固定资产和流动资本）的生产率。
- 消除非生产性资产和投资，如房地产。
- 改善资本结构。
- 降低债务水平和利息成本。
- 采取成本控制措施，降低盈亏平衡点。
- 加强与股东的沟通。
- 提高企业和财务账目的透明度。

然而，上述未来并不会向所有人敞开大门。我预计，在下一个周期中，许多公司将把大量时间投入重组债务、裁减劳动力、重建股东基础和重组生产工厂上。我们前所未有地更加确信，能够把握住以上趋势的赢家将是那些拥有绝对正向现金流业务且资产负债表上的净现金为正值的公司，是拥有天然外币兑换渠道的公司，是由正直的管理者执掌的公司，是不惧失败、积极重组的公司。

▶ 1998年9月：在开玩笑吧？

高观投资表现：较高点下跌62.0%

> 1998年第三季度：前方战报
> 已向全球扩散！
> 1998年8月4日：道琼斯工业平均指数下跌3.4%。
> 1998年8月11日：俄罗斯市场崩溃。

> 1998年8月19日:俄罗斯主权债务违约。全球市场陷入恐慌。
>
> 1998年8月31日:道琼斯工业平均指数暴跌6.4%。
>
> 1998年9月4日:拉丁美洲股票和债券自由落体式下跌。
>
> 1998年9月11日:巴西利率升至50%。
>
> 1998年9月24日:对冲基金美国长期资本管理公司(Long-Term Capital Management)倒闭,危及全球最大的几家银行,美国和欧洲市场随之暴跌。

8月的"枪声":香港反抗投机者攻击

到1998年8月,亚洲金融危机已经肆虐了一年多。恒生指数从1997年8月的16 673点跌至1998年8月月中的6 660点,跌幅达60%。到此为止,亚洲所有的货币挂钩均宣告失败,包括泰国、韩国、印度尼西亚、马来西亚和菲律宾,除了中国香港。

鲨鱼们闻到了血腥味,纷纷把目光转向了香港。包括乔治·索罗斯在内的投机者,再次上演了他们在亚洲其他地区屡试不爽的"双边操控",同时做空港元和恒生指数。

压力与日俱增,利率上升。恒生指数每天走低,当月的头9个交易日就下跌了1 200多点(16%)。这样看来,自1983年以来一直实行的港元与美元挂钩的机制将被打破,恒生指数即将崩溃,投机者将卷走数十亿美元,香港将陷入一片金融废墟。

8月14日星期五,香港发起反击。香港金融管理局在时任总裁任志刚、香港特区财政司司长曾荫权和行政长官董建华的协调下，出人意料地启动了 150 亿美元的干预措施，购买恒生指数中的公司股票，同时推高本地利率。

投机者们起初并不担心。索罗斯旗下量子基金的高管斯坦利·德鲁肯米勒（Stanley Druckenmiller）嘲笑道："不管他们在市场上做什么，星期一早上醒来，他们还是会陷入萧条。"

投机者只想赚钱，但香港正在为经济存亡而战。香港金融管理局全力以赴。香港拥有 1 000 亿美元的外汇储备，同时还得到了时任国务院总理朱镕基以及中国内地 1 400 亿美元储备的支持。香港特区政府每天都在买股票，恒生指数也随之上涨。8 月 28 日干预结束时，恒生指数上涨了近 1 200 点，涨幅达 17.6%。投机者们一哄而散，输掉了战斗，也输掉了资金。香港挺了过来。一年后，恒生指数达到 13 500 点，截至 2021 年初已超过 28 000 点。这也许是现代史上一个主要金融中心对做空者采取的最有力的反击。

高观投资的三大问题

在香港金融管理局反击之时，高观投资面临着三个不同寻常的困境。第一，我们做空恒生指数期货，试图为投资者保值。第二，就在香港金融管理局开始干预的当天，我刚刚从美国回到香港，因此我必须在被时差折腾得头昏脑涨的同时，厘清正在发生的这一重大事件。第三，真正让我烦恼的是，香港金融管理局在反击期间没有买入高观投资在香港持有的任何一只股票，这些都是非指数股票啊！一股也没有。这是在开什么玩笑？

但战斗结束了，战斗胜利了，我们都期待着明天会更好。

暗生信心

在全球新闻头条越发耸人听闻的同时，我们却对亚洲的长远未来悄然萌生了信心。

——罗兰士，1998 年 9 月

节选自高观投资 1998 年 9 月的报告：

我在 13 个月前曾写道，亚洲面临着信心和现金流危机。当时，现金流明显为负，亚洲"奇迹"的终结和"传染"的出现给人们的信心造成了沉重打击。一年后，当我坐下来撰写这份报告时，世界已经发生如此巨变，匪夷所思。今天，我们目睹危机蔓延全球，给格林威治、莫斯科和圣保罗带来了信心和现金流危机，听闻世界各国领导人试图对全球资本主义进行适当的改革，真是波涛汹涌的一年！

然而，在全球新闻头条越发耸人听闻的同时，我们却对亚洲的长远未来悄然萌生了信心。经验和传闻越来越多地向我们证明，亚洲正在实施适当的改革政策，未来增长的平台正在形成。

泰国的利率已从 22% 以上降至 8% 以下，而且货币稳定。泰国对银行系统进行资本重组的全面计划正在稳步推进，既没有为薄弱的管理层纾困，也没有迫使受经济严重衰退影响的受害者"自杀"。

在亚洲各地，每天都有零售商店和餐馆倒闭，过剩的产能被挤出，为幸存者留下了更好的商业机会。香港每天的头条新闻都在报道员工接受 20% 的减薪，而这恰恰反映出香港的固定汇率经济正在经历调整。即使在韩国，我们也看到了进步。韩国银行工会最近同意减少 32% 的工作岗位，而今年的就业人数已经减少了 18%。经济和产业正在重组，势头不断加快。在此背景下，投资价值从未如此低廉。

然而，我们的短期前景仍将动荡不安，充满挑战，极易受到冲击。外部环境依然不容乐观。大选后的巴西和西方的杠杆金融机构令我们恐慌。在亚洲，没有一个与巴西主要经济数据相近的国家在危机蔓延中毫发无损。在亚洲，没有一家与美国和欧洲主要银行相似的杠杆金融机构在没有资本重组的情况下在衰退中幸存下来。我们认为，金融危机对西方的恶性蔓延不会结束，这意味着亚洲将继续面临偿债和资本外流的局面。

过去的赢家就是今天的输家……

在亚洲选股经历了一段不跌就是赚到的时期之后，我们坚信，在未来，选股会增值。对亚洲传统高增长企业的考察不可避免地让我们对许多大型指数成分股所面临的艰难调整感到震惊。作为亚洲资产和价格通货膨胀的前受益者，我们断言：过去的赢家就是今天的输家。今天的输家不胜枚举：香港的房地产公司、亚洲各地的企业集团、负债累累的公司以及与政治关系复杂的企业。

然而，赢家并非一目了然。在亚洲通缩的未来影响下，历史业绩并不能为企业提供指导，这使周详的分析越发重要并更具挑战性。

而其他公司则可能成为新赢家

例如，上周我们拜访了由诚信能干的罗氏家族执掌的香港首屈一指的速食餐饮集团——大家乐。在香港过去10年的资产和价格通胀中，大家乐无疑是输家。尽管销售额和利润皆有所增长，但其股价仍与8年前持平，这不足为奇。然而，我们在访问时了解到，大家乐的三大成本——食材、劳动力和房地产，在未来几年内有可能因香港的通缩而大幅节省。在香港通缩的环境下，销售业绩的表现虽尚不清晰，但至关重要。节省下来的成本是否会被较低的餐饮价格部分或全部抵销？要找到新赢家还需要进行很多思考。

熊市颠覆了企业格局。筹码会落在哪里？一些公司将迎来发展机遇，而在这些公司中，高观投资亦有商机。正如下一节所述，我们的热情持续高涨。

拐点

1998年10月，我应麦嘉华的邀请，为《股市荣枯及厄运报告》撰写了一篇文章，当时正值市场跌入谷底，也是人们长久以来期待的复苏拐点。没有人能确定我们是否真正走出了困境，但政府和企业都在着手改革，我们作为投资者，眼前的道路也开始越发清晰。以下是这篇文章的节选：

当麦嘉华邀请我为《股市荣枯及厄运报告》撰写一篇有关亚洲小型企业的文章时，我的脑海中闪过两个念头。

首先，我的第一反应是，为什么要把自己的软肋暴露给公众，承认我以投资小型企业为生？还不如闷声发大财，毕竟我也是个有家有室的体面人。我那群忠心耿耿却又郁郁不得志的投资者估计已经听够了我那些有关估值和基金经理资质的唠叨，为什么还要让无辜的路人来受这个苦呢？

其次，我意识到，如果有资产类别被在亚洲知名的"末日博士"麦嘉华看上，那便是每个基金经理的噩梦。基本上，这就意味着你和你的股票已经没救了。我的资产类别怎么会表现得如此糟糕？亚洲股票下跌了90%，现在又下跌了90%。人们不分青红皂白地冲向出口，那场面远望就颇为壮观，更不用说身处其中了。公平客观地讲，亚洲的企业家和管理层往自己身上泼的"汽油"已经足够多，灾难必然发生，真是罪有应得、大快人心，尤其是在我投资受限的市场或股票上。

好了，1998年10月下旬，我在香港，但你猜怎么着？我在摩拳擦掌。18个月以来，我终于不再是每个人的心头大患。亚洲各国政府正在改革，我们的企业家也回到了工厂。未来3~5年的发展前景越来越引人注目。更少的竞争、更低的投入成本、更好的投资机会、更高的利润率、更少的债务融资、更明确的业务重点。总之，净资产收益率将越来越高。

▶ 1998年12月：新赢家

高观投资表现：较高点下跌 56.4%

> **熊市结束了！**
>
> 1998 年第四季度股市表现：
> - 中国香港上涨 27.5%。
> - 韩国上涨 81.3%。
> - 泰国上涨 40.2%。
> - 印度尼西亚上涨 44.1%。

终于……

尽管与 1997 年 5 月的高点相比，高观投资仍下跌了 56.4%，但在这一年最后的 4 个月中，投资组合皆取得了收益。亚洲的各个市场都在反弹，我们终于可以松一口气，转而展望 1999 年的未来愿景。

节选自高观投资 1998 年 12 月的报告：

高观投资期待着 1999 年的到来。我们认为，投资者将对银行和企业集团的重组产生审美疲劳，他们将寻求管理良好、资本雄厚的高效率公司。正如我们在泰国和韩国所见，随着市场对有价值且高质量公司需求的逐步释放，少量买单便能推动我们投资组合的收益增长。放眼整个亚洲，我们投资的公司所面临的商业环境依然充满挑战。消费支出、工业生产、销售价格和出口仍在下降。虽然我们看到了改善的迹象，也有理由对未来持乐观态度，但不可否认的是，大多数企业仍很难实现利润增长。

1999—2001 年的高观投资

展望今后几年，我想讨论几个与亚洲投资者前景相关的重要问题。

第一，亚洲在几乎所有层面上的现金流皆为正，在可预见的未来也必将如此。各国的经常账户都有盈余，企业的现金流为正且在偿还债务，而个人则削减了可自由支配的开支并增加了储蓄。对于该地区的投资者而言，这一定是亚洲内在竞争力的一个积极的长期指标，也是亚洲成功企业具有价值的一个标志。

第二，我们相信，未来3年的盈利环境将显著改善。1997年和1998年是削减成本、偿还债务、退出非核心业务和退出在华合资企业的两年。现在，亚洲的资本开支几乎为零。从本质上讲，1997年和1998年是降低企业盈亏平衡点的两年。亚洲经济回升将给那些问题最少或业务最好的公司带来丰厚的回报。我们期待着无须下大力气，就能出现利润增长的那一天。

第三，我们认为企业改革的重要性在过去9个月已被广泛接受，越来越多的西方商业理念前所未有地融合进来。改革是许多公司生死存亡的关键，我们预计，各上市公司均将从亚洲商业操作的改善中获益。企业改革将包括扩大企业信息披露、着重关注核心业务以及进一步降低资本成本。改革虽然会迟到，但不会缺席。

我们的投资策略依然是在通缩、放松管制和议价能力极低的环境下，坚定地以锁定赢家为重。

我们觅求低成本优势明显的出口商，以及成本结构灵活、拥有国内领先特许经营权、在产品和服务上不断创新、持有净现金或有能力内生资金实现增长的公司。目前，我们将继续坚持这一策略。

亚洲新赢家

当1997年亚洲金融危机进入残局时，重视创造长期价值的新一代亚洲公司开始崛起。它们积极偿还债务，尽量压低资本开支，盈利、现金流、净资产收益率和股息都随之回升。它们是亚洲的新赢家。高观投资长期以来一直致力于挖掘这些公司，并力求以1998年12月报告中确定的廉价估值持有这些公司。

我们手握一批新赢家，从而得以紧跟趋势，维持经营。以下是在1997—1998财年的劫后余生中表现亮眼的高管及其公司，本书对其中的许多公司都有着不同程度的介绍：

- 陈裕光，大家乐集团董事长（详见第3章"高观投资理念"）。
- 张国荣和陈永锟，建滔集团联合创始人（详见第9章"逐梦伊始：1985—2000年"）。
- 素拉猜·西里瓦洛普，泰国再保险公司总裁兼董事（详见第1章"血雨腥风！1997年亚洲金融危机"）。
- 尼尔·蒙蒂菲奥里（Neil Montefiore），第一通（MobileOne）

首席执行官。

- 普拉穆克蒂·苏亚乌达亚（Pramukti Surjaudaja），华侨银行印度尼西亚（Bank NISP）总裁。
- 李深静（丹斯里、拿督），IOI 地产集团执行董事长兼首席执行官（详见第 10 章"沙里淘金：2000—2013 年"）。
- 陈大地（Thiraphong Chansiri），泰万盛冷冻食品（Thai Union Frozen Food）总裁（详见第 2 章"熊市的经验教训"）。

从多方面来讲，高观投资的命运与 1997—1998 年的这些新赢家紧密相关。凭借着惊人的决心、对批评的充耳不闻和一点黑色幽默，我们一起撑过了危机。上述公司的高管全部进驻"高观名人堂"，其中许多公司也成了"高观十年俱乐部"的一员。高观社群中的每个人都应该感谢他们。

* * *

在 1997—1998 年的熊市中幸存下来之后，是连续 8 年的成功，在此期间，高观投资组合的复合年均收益率为 20.0%，轻松超过了所有亚洲指数。

亚洲金融危机让高观投资经历了艰苦的挑战，也给高观投资带来了深刻、持久的教训，其影响将深深镌刻进我们的心灵深处，并永久地融入高观投资框架。我们从现代最严峻的熊市中幸存下来，尽管这两年的实际经历不可复制，但其中的一些经验教训仍然值得谨记，我们将在下一章进行分享。

你需要挺到熊市终点。

——老罗兰士

· 第 2 章 ·

熊市的经验教训

我就知道会搭错火车,所以早早就动身了。

——尤吉·贝拉(Yogi Berra)

各种各样的熊市让投资者体会到了什么叫"爱之深，责之切"，更不用说是 1997—1998 年或 2007—2008 年这种规模了。熊市就好比与世界重量级拳击冠军"冒烟乔"（乔·弗雷泽）进行了一场 15 回合拳赛。"冒烟乔"能打得你满地找牙，熊市亦如此。投资者会经历无休止的重击、迷茫、眩晕，被击倒然后挣扎着爬起来，当某只股票突然停止下跌时，不安的感觉仍会不时向你袭来。熊市考验的不仅是你的专业水平，还有情绪控制力。

熊市也带来了学习机会。在本章中，我们将分享高观投资从熊市中学到的经验教训。

▶ 活下来

熊市的第一课，也是最重要的一课，就是你必须活下来。就像在二十一点赌桌上输掉最后一块钱，或者没能跑到比赛终点一样，如果活不下来，你就出局了。

▶ 熊市之痛

熊市是一场大淘汰，弱者被清走，强者活下来。熊市是优胜劣汰的终极考验，尤其是像1997年亚洲金融危机、2008年全球金融危机和2007—2013年中国的熊市这样的大熊市。熊市会验证各种假设，探究所有企业的弱点和薄弱环节，在被证明无罪之前，没有人能独善其身。许多个人、公司甚至国家都会不可避免地受到冲击。对于长期投资者而言，这总是一件好事。

在1929年至今的26次大熊市中，股市平均跌幅为38.1%。跌幅最严重的一次是在大萧条时期，89.2%的投资者资金化为泡影。亚洲自1990年以来11次熊市的平均跌幅为38.3%。

熊市对两类股票的伤害尤为严重：第一类是负债累累、财务过度扩张的公司的股票；第二类是牛市最后阶段势头最猛的股票。这两类股票很容易就解释了2007—2008年中国A股超过72.3%的回调，并证实了当投资者对风险和估值沾沾自喜时，交易的舒适区里便危机四伏。

表2-1显示了亚洲和美国在大熊市期间主要指数下跌的数据。

表2-1 大熊市的跌势

开端	结束	最高	最低	指数	跌幅（%）
1929年9月	1932年7月	381.2	41.2	道琼斯工业平均指数	−89.2
1937年3月	1938年3月	194.4	99.0	道琼斯工业平均指数	−49.1
1939年9月	1942年4月	155.9	92.9	道琼斯工业平均指数	−40.4
1946年5月	1946年10月	212.5	163.1	道琼斯工业平均指数	−23.2

续表

开端	结束	最高	最低	指数	跌幅（%）
1961年12月	1962年6月	734.9	535.8	道琼斯工业平均指数	−27.1
1966年2月	1966年10月	995.2	744.3	道琼斯工业平均指数	−25.2
1968年12月	1970年5月	985.2	631.2	道琼斯工业平均指数	−35.9
1973年1月	1974年12月	1 051.7	577.6	道琼斯工业平均指数	−45.1
1976年9月	1978年3月	1 014.8	742.1	道琼斯工业平均指数	−26.9
1981年4月	1982年8月	1 024.1	776.9	道琼斯工业平均指数	−24.1
1987年8月	1987年10月	2 722.4	1 738.7	道琼斯工业平均指数	−36.1
1990年7月	1990年9月	192.8	136.5	亚洲（日本除外）指数	−29.2
1990年7月	1990年10月	2 999.8	2 365.1	道琼斯工业平均指数	−21.2
1994年1月	1995年1月	449.0	304.2	亚洲（日本除外）指数	−32.2
1997年7月	1998年9月	406.5	136.8	亚洲（日本除外）指数	−66.3
2000年2月	2001年9月	349.3	149.1	亚洲（日本除外）指数	−57.3
2001年5月	2002年10月	11 337.9	7 286.3	道琼斯工业平均指数	−35.7
2002年4月	2003年4月	231.2	161.7	亚洲（日本除外）指数	−30.1
2004年4月	2004年5月	284.4	223.8	亚洲（日本除外）指数	−21.3
2007年10月	2008年10月	686.9	230.9	亚洲（日本除外）指数	−66.4

续表

开端	结束	最高	最低	指数	跌幅（%）
2007年10月	2009年3月	14 164.5	6 547.1	道琼斯工业平均指数	−53.8
2011年4月	2011年10月	596.1	416.1	亚洲（日本除外）指数	−30.2
2015年4月	2016年1月	642.6	435.4	亚洲（日本除外）指数	−32.2
2018年1月	2018年10月	776.2	571.4	亚洲（日本除外）指数	−26.4
2020年1月	2020年3月	713.7	500.8	亚洲（日本除外）指数	−29.8
2020年2月	2020年3月	29 551.4	18 591.9	道琼斯工业平均指数	−37.1
平均跌幅					−38.1
亚洲（日本除外）指数平均跌幅					−38.3
美国指数平均跌幅					−38.0
除1929年外的平均值					−36.1

注：数据包含重叠的熊市。

▶ 备战熊市，但不要预测熊市

在高观投资，我们无法预测下一个熊市，但可以为今天和明天的熊市做好准备。资产负债表在熊市的开端显得尤其重要，我们的老朋友大卫·斯科特（David Scott）恰如其分地将这段时间称为"潜伏期"。正如沃伦·巴菲特的那句名言："只有当潮水退去时，你才会知道谁在裸泳。"在熊市中，资产负债表出错将使痛苦翻倍。高观投资认为，资产负债表始终至关重要，而不仅仅在熊市开端重要。

▶ 感谢认购上限

总有一些投资者会陷入流动性紧缩，或因熊市来临时的恐慌而选择赎回。这也许不是你的错，但却是你作为基金经理需要面对的问题。用新的投资者来取代赎回的资金是关键，这样基金才不会被迫抛售其"皇冠上的宝石"。如果管理得当，法定的认购上限（详见第5章"高观商业操作"）能够在其他人跑路时，带来一大批有投资兴趣的投资者。在1997—1998年和2007—2008年的熊市中，我们最大的投资者赎回了，而高观投资的认购上限则在此时发挥了完美的作用。

▶ 从不质疑投资理念

高观投资理念就是我们的路线图。如果基金在熊市中下跌了30%，路线图并不是原因所在。在充满不确定性的时期，不要甩锅给路线图，也无须另起炉灶，无论新理念看起来有多么闪亮诱人。

30多年的经验告诉我们，无论是顺境还是逆境，无论是通胀还是通缩，高观投资理念都能笑到最后。我们的基本面方法在过去的熊市中经受住了考验，让我们在应对不可避免的又一次熊市时充满信心。高观投资团队对基本面研究的执着是我们企业文化和投资理念的核心。对执行的承诺是宝贵的财富，我们将继续坚定不移地贯彻已经成形的投资分析方式。

▶ 在熊市中幸存的四步策略

以下节选自我们 2008 年 12 月的季度报告,其中详述了高观投资在 2007—2008 年熊市中的应对措施。没有两个熊市是相同的,而事后看来,我们在熊市末期交上的这份成绩单还不算太差。

1. 投资净现金和现金流为正的公司

在任何熊市中,现金流为正并保持净现金头寸至关重要。这对于企业(包括亚洲企业)、个人、机构、国家和华尔街银行而言皆如此。

在企业实现这一目标之前,仍有可能陷入困境、问题缠身、失去市场份额,甚至最终破产。

企业越早实现正现金流并显示净现金资产负债表,就能越快地利用熊市来加强业务并提高盈利能力。我们在 1997—1998 年目睹了这一切,而类似的情况在 2008 年再次上演。

2. 重点关注议价能力强的企业

在过去 17 个月里,高观投资非常重视议价能力强的公司,因为我们担心全球通胀率将不断上升。2007 年,高观投资创建了一个用于计算企业议价能力高低的公式。该公式以高观投资理念为基础,即议价能力强的公司能够在经济周期中以较低的波动性赚取较高的现金毛利率。

高观投资利用公式的洞察力来检验我们甚少关注的公司，以及我们真正想要保留或添加到投资组合中的公司。在经历了过去几个月的动荡，目睹了通胀如何在几乎一夜之间变为通缩之后，我们确定，在股价下跌时期，议价能力的优势同样宝贵。事实上，我相信两年后，当人们回顾2008年时，都会同意要是能在投资组合中增加更多议价能力强的公司就好了。

在高观投资密切关注议价能力的一年半里，在我们的前17个持仓中，有5家公司的市场份额超过了50%，有16家公司在各自的行业中占有领先的市场份额。虽然我们并未打算构建一个由占主要市场份额的企业组成的投资组合，但通常来讲，这类公司一般都具有议价能力。对高议价能力公司的关注是高观投资2008年为数不多的亮点之一，在未来几年将对我们大有裨益。

3. 防止高观投资成为价值陷阱

在过去的几个月里，我敏锐地意识到，无论是对冲基金、共同基金还是投资合伙基金，在某些条件下都可能成为价值陷阱，使个人和机构无法对其进行投资。让我来解释一下。

近年来，许多基金的管理资产规模增长过快，主要依靠的是被大力宣传的短期业绩。随着基金资产的积累，更大比例的净资产被分配到高风险资产类别中，以追求超额收益。随着熊市的来临和投资者赎回的激增，许多基金陷入了两难境地：一方面需要出售流动头寸以满足赎回需求；另一方面又希望限制非流动头寸，以确保这些头寸在基金净资产中所占的比例不会越来越大。由于未能避开这一陷阱，许多投资经理打着保护投资者的幌子，对基金设立赎回限制或设立小金库。在我看来，这既承认了他们对投资组合的管理不善，也反映了他们在资产积累游戏中的过度贪婪。

高观投资一如既往地要感谢认购上限，让我们避开了这些陷阱。

4. 坚持"复古"的投资原则

我相信，随着世界从同步的熊市和衰退中复苏，投资者将渴望看到传统投资价值和资产类别的回归。在这样的世界里，现金流、高净资产收益率、股息、诚信管理、合理估值和公平的投资结构将占据主导地位，而这些正是高观投资所珍视的，也是投资者一直以来所追求的。在这个"复古"的世界里，不需要改变或重塑高观投资的商业模式。因此，我相信，我们的持仓将会引起广泛的关注。

▶ 解决方案出自工厂和总部，而非彭博终端

投资经理在熊市中的一个常见失误在于，他们将过多的时间用在预测宏观经济未来上，而忽视了公司层面的基本面研究。这不可避免地会使经理人时刻紧盯彭博终端，被不断下跌的股价弄得手足无措，并对电话产生恐惧。投资经理管理的投资组合太多，以及所创建的基金中充斥着太多的投资者——这些投资者还

沉浸在"美好旧时光"中，追逐不切实际的短期回报，这都会让投资经理的困境雪上加霜。

在高观投资，我们投入大量精力考察精挑细选后的公司，对符合严格投资要求的企业进行深入分析，将投资组合的重点放在现金流为正的企业上，并以积极的态度与公司管理层互动。

▶ 投资机会在熊市中得以改善

熊市末期的估值是如此惹眼，以至于多年后你会怀疑股票怎么能够那么便宜。这是对所有痛苦的回报。在1997—1998年和2007—2008年，估值跌了又跌，跌了又跌，在我们倒下时还不忘踢上一脚。

对于熊市，大多数投资者都没有什么好话可说，在绝大部分情况下，我也同意他们的看法。然而，熊市也确实有其美妙的一面。熊市作为一种自我纠正机制，迫使经济、企业、消费者和投资者做出改变，为宝贵而持久的复苏奠定了基础。随着弱者出局、IPO（首次公开募股）市场关闭、资产贬值，变革真正开始。

资本变得稀缺，资本所有者自然会获得更高的回报。非理性竞争结束，有利的行业条件留给了幸存者。原材料和投入成本下降，使利润空间扩大，扩张项目利润更高。尽管宏观经济和银行贷款增长依然缓慢，但市场份额的增长和内生资金的出现推高了收益。

熊市越惨烈，变革就越强劲、越有利。虽然难以置信，但历史证明了这一点。在1997—1998年和2007—2008年熊市后的头5年，高观投资的复合增长率分别为17.9%和32.2%，均轻松超过大盘。

以下是 1999 年初和 2009 年初投资组合的估值，两者当时均距离触底还有 3 个月，分别是当前每股收益估值的 4.8 倍和 7.6 倍（见表 2-2）。现在回过头来看，这两个数字都令人难以置信。

表 2-2 盈利摘要

估值（1997—1998 年）		估值（2007—2008 年）	
市盈率		市盈率	
1998 年	5.2 倍	2007 年	10.9 倍
1999 年初	4.8 倍	2008 年初	9.1 倍
2000 年初	3.5 倍	2009 年初	7.6 倍
1999 年初企业价值倍数	2.8 倍	2008 年初企业价值倍数	6.4 倍
1999 年初股息率	5.2%	2008 年初股息率	5.8%
市净率	0.71 倍	市净率	1.62 倍
增长和利润		增长和利润	
1999 年初净资产收益率	17.0%	2008 年初净资产收益率	23.7%
财务实力和规模		财务实力和规模	
1999 年初净现金股权比	0.11∶1	2008 年初净现金股权比	0.20∶1
1999 年初资本充足率	31.5%	2008 年初资本充足率	17.4%
销售额	3.926 亿美元	销售额	14.66 亿美元
盈利	5 060 万美元	盈利	1.66 亿美元
市值中位数	3.103 亿美元	市值中位数	8.85 亿美元

▶ "老赢家成为新输家，老输家成为新赢家"

高观投资的首席投资官史怀正和我经常复盘我们在 1997—1998 年的经历。虽然于 2007 年入职的史怀正当时并不在场，但我们持有过相同的公司，经历过相同的市场波动，因此，我们从亚洲金融危机中也吸取到了许多相同的教训。

史怀正和我亲身经历了1997—1998年的熊市，虽然痛苦，但却给亚洲商界的领导层带来了翻天覆地的变化。亚洲企业摒弃了马虎的习惯，采用硬碰硬的阻防技巧，从而得以幸存。我们称它们为"新赢家"。

▶ 启蒙先锋

我从来对强劲牛市不感兴趣。牛市奖励的往往是不守纪律的商人、不合格的企业、激进的投资者和贪婪的投资银行家。牛市将激进的新资本引入成熟行业，往往导致利润率和投资收益率普遍下降。牛市最终不可避免地以萧条告终，将那些优秀的公司拖垮。

1997年亚洲金融危机是亚洲各企业的关键转折点。真正的"乱世英雄"开始崛起，成为亚洲企业界的新领袖。泰万盛冷冻食品给我留下的印象最深。这是一家负责金枪鱼的加工、包装并将其销售给全球各大食品公司的企业。

泰万盛由创始人的儿子陈大地经营。最初我对年轻气盛且缺乏经验的他感到紧张，但他很快就证明了自己是一位非常有能力的高管。陈大地很幸运，泰万盛是一家以美元为基础的企业，当泰铢在亚洲金融危机中崩溃时，美元的价值如同黄金。但陈大地进入"高观名人堂"并不是凭借着他在货币疲软时经营的出口业务。他的进驻是因为泰万盛是高观投资组合中第一家承诺支付高额股息的亚洲企业。后来，许多企业高管都认识到了股息的重要性，但在我看来，陈大地应作为亚洲首批股息启蒙先锋之一而被载入史册。

▶ 熊市终结

自 1981 年进入股票行业以来，我已经经历了 14 次熊市。身处熊市之中时，最重要的是牢记：熊市终将结束。即使股价已经跌得令人心碎，我的胃都开始痉挛，也要相信熊市不会永远持续下去。如果你挺到了熊市的终点，并成功地驾驭了熊市，你就能赢，而且是大赢。在投资行业中，基金经理能够为投资者带来 4~5 年超额收益的时机并不多，熊市便是其中之一。

在 1929 年至今的 26 次大熊市中，股市下跌平均持续了 12.1 个月，最久的一次是在大萧条时期，长达 35 个月。自 1990 年以来，亚洲的 11 次熊市平均持续 9.1 个月。

我所经历的 14 次熊市的持续时间从 20 个月（2000—2001 年的互联网泡沫）到一天（1987 年 10 月，香港股市在两个交易日内下跌 41%）不等。除了 1987 年，平均持续时间为 10.1 个月。据我计算，美国和亚洲自 1929 年以来的 26 个熊市的平均持续时间为 14.5 个月。表 2-3 汇总了这些关于熊市持续时间的数据。

2008 年 9 月，就在触底前一个月，我们写下了以下文字：

在 1997 年亚洲金融危机中，韩国、泰国和印度尼西亚的整个银行系统基本上都破产了。然而，熊市仅在 14.7 个月内就结束了。在 1998 年那段暗无天日的日子里，我曾一度认为股市永远不会停止下跌，但它停下来了。我们不应忽视这一点。到目前为止，根据亚洲（日本除外）指数，亚洲的熊市平均只持续了不到 12 个月。然而，中国的情况影响了 2007—2008 年亚洲经济下行周期的长度。合作伙伴们应该还记得，投资者对"港股直通车"的趋之若鹜使亚洲（日本除外）指数在 10 月下旬达到顶峰。

然而，高观投资和其他亚洲基金对中国的风险敞口在 2007 年 7 月下旬达到顶峰，与美国一致。因此，我认为当前亚洲熊市的持续时间已经超过 14 个月，投资者需要转守为攻，并开始考虑当前熊市后的分配。

表 2-3 主要熊市持续时间

开端	结束	最高	最低	指数	持续时间
1929 年 9 月	1932 年 7 月	381.2	41.2	道琼斯工业平均指数	35 个月
1937 年 3 月	1938 年 3 月	194.4	99.0	道琼斯工业平均指数	13 个月
1939 年 9 月	1942 年 4 月	155.9	92.9	道琼斯工业平均指数	32 个月
1946 年 5 月	1946 年 10 月	212.5	163.1	道琼斯工业平均指数	4 个月
1961 年 12 月	1962 年 6 月	734.9	535.8	道琼斯工业平均指数	7 个月
1966 年 2 月	1966 年 10 月	995.2	744.3	道琼斯工业平均指数	8 个月
1968 年 12 月	1970 年 5 月	985.2	631.2	道琼斯工业平均指数	18 个月
1973 年 1 月	1974 年 12 月	1 051.7	577.6	道琼斯工业平均指数	23 个月
1976 年 9 月	1978 年 3 月	1 014.8	742.1	道琼斯工业平均指数	18 个月
1981 年 4 月	1982 年 8 月	1 024.1	776.9	道琼斯工业平均指数	16 个月
1987 年 8 月	1987 年 10 月	2 722.4	1 738.7	道琼斯工业平均指数	2 个月

续表

开端	结束	最高	最低	指数	持续时间
1990 年 7 月	1990 年 9 月	192.8	136.5	亚洲（日本除外）指数	2 个月
1990 年 7 月	1990 年 10 月	2 999.8	2 365.1	道琼斯工业平均指数	3 个月
1994 年 1 月	1995 年 1 月	449.0	304.2	亚洲（日本除外）指数	13 个月
1997 年 7 月	1998 年 9 月	406.5	136.8	亚洲（日本除外）指数	14 个月
2000 年 2 月	2001 年 9 月	349.3	149.1	亚洲（日本除外）指数	20 个月
2001 年 5 月	2002 年 10 月	11 337.9	7 286.3	道琼斯工业平均指数	17 个月
2002 年 4 月	2003 年 4 月	231.2	161.7	亚洲（日本除外）指数	12 个月
2004 年 4 月	2004 年 5 月	284.4	223.8	亚洲（日本除外）指数	1 个月
2007 年 10 月	2008 年 10 月	686.9	230.9	亚洲（日本除外）指数	12 个月
2007 年 10 月	2009 年 3 月	14 164.5	6 547.1	道琼斯工业平均指数	17 个月
2011 年 4 月	2011 年 10 月	596.1	416.1	亚洲（日本除外）指数	6 个月
2015 年 4 月	2016 年 1 月	642.6	435.4	亚洲（日本除外）指数	9 个月
2018 年 1 月	2018 年 10 月	776.2	571.4	亚洲（日本除外）指数	9 个月
2020 年 1 月	2020 年 3 月	713.7	500.8	亚洲（日本除外）指数	2 个月
2020 年 2 月	2020 年 3 月	29 551.4	18 591.9	道琼斯工业平均指数	1 个月
平均持续时间					12.1 个月

续表

开端	结束	最高	最低	指数	持续时间
亚洲（日本除外）指数平均持续时间					9.1 个月
美国指数平均持续时间					14.3 个月
除 1929 年外的平均持续时间					9.2 个月

注：数据包含重叠的熊市。持续时间数据为四舍五入。

▶ 来自高观投资和朋友们的"熊市语录"

在分享熊市语录之前，我想先插播一段关于牛市终结的小故事。

熊市终会复苏，牛市终将萧条，周而复始。熊市时常让人感到整个世界天崩地陷，而牛市则创造了一个令人不禁自鸣得意的幻境。

在幻境一隅——菲律宾的一个海滩度假村，我正和我的好友兼基金经理埃里克·桑德隆德（Eric Sandlund）逍遥自在。1993年底，我们两家相约一起度假。

两年前，亚洲市场经历了激动人心的牛市。在过去的 24 个月内，香港股指上涨 177%，泰国上涨 136%，雅加达上涨 138%。在此期间，高观投资取得了 191% 的收益，而埃里克的公司的业绩肯定更高。新年前夜，埃里克和我坐在阳台上，一边喝啤酒，一边欣赏热带日落。

"我们这几年过得不错呀。"我说道。

"是啊，"埃里克回应道，"但是，在我们忘记这轮牛市之前，都不会再迎来新一轮牛市。"

他说这句话的时候恰恰正值牛市的黄昏。直到 21 世纪头 10 年，在经历了 1997 年亚洲金融危机的破坏之后，亚洲才重现持久牛市，而那时我们早已将 1992—1993 年的那一轮牛市抛之脑后。

* * *

一个无法改变的事实是，高价资产的收益总是会低于低价资产。鱼和熊掌不可兼得。你可以及时行乐，也可以寄希望于未来的安稳，但无法两者兼得。市场持续走高的代价就是，从高点算起的未来 10 年的回报率将越来越低。

——杰里米·格兰瑟姆

牛市在悲观中诞生，在怀疑中成长，在乐观中成熟，在兴奋中死亡。最悲观的时刻正是买进的最佳时机，最乐观的时刻正是卖出的最佳时机。

——约翰·邓普顿爵士（Sir John Templeton）

熊市是经理人的决定性时刻。

——罗兰士

他们搜查妓院时，也带走了钢琴家。

——华尔街的一句老话

熊市正是一个"发现期"。

——大卫·斯科特，Cha-Am Advisors（投资咨询公司）

大部分的钱都是在熊市中赚到的,只是当时没意识到而已。

——谢尔比·卡洛姆·戴维斯(Shelby Cullom Davis)

只有在熊市中,价值投资的规则才变得特别重要,因为在各种投资策略中,只有价值投资才能让投资者在获得充分上涨潜力的同时承担非常有限的下跌风险。

——塞斯·卡拉曼(Seth Klarman)

凭借亚洲企业家的创造力,熊市中总会不断涌现出新赢家。

——罗兰士

让自己冷静下来,进入"系统二"的思考模式。就像我妈妈常说的,耐心是一种美德。

——泰德·西德斯(Ted Seides)

高观投资框架

PART TWO
第二部分

THE OVERLOOK MODEL

要想有所作为，必须先有所成。

——海军上将詹姆斯·斯托克代尔（James Stockdale），
越南战争期间服役时间最长、军衔最高的美国战俘

根据我们的经验，最成功的基金管理公司在运营时都非常低调。在通往成功的路上，它们不畏艰辛，克服重重挑战，从错误中吸取教训，并将功劳归于一路相助的他人。同样，高观投资的成功归于我们的团队合作、为我们提供长期资金的投资者、为股东创造惊人价值的公司高管，以及高观投资框架。

以下几章记录了1991年高观投资框架的形成，以及此后几十年高观投资团队的执行情况。首先，我们将介绍高观投资理念，这是我们选择公司、构建投资组合并保持稳定高水平表现的依据，同时辅以对所投资公司的案例研究。

接下来我们将讲到，无论投资理念多么有效，都无法确保向投资者交付成果。交付机制由商业操作驱动，我们将详述如何精心策划高观投资的商业操作，以向投资者交付投资理念的成果。

在这两部分的相辅相成之下,我们将展示高观投资是如何创造出投资领域的超额收益,并将其交付给投资者的。

这就是我们所说的高观投资安全边际,也就是投资者的安全边际。

高观投资的成功与我们投资组合中公司的成就之间存在着惊人的相似之处。公司要想取得成功,就必须有一个卓越的业务模式,并在公司治理和资本管理方面采取有效的商业操作,从而为股东创造业绩。两者的结合构成了公司的安全边际。

· 第 3 章 ·

高观投资理念

经验是一种神奇的东西,
它使你能够在再次犯错时识别出错误。

——富兰克林·P. 琼斯(Franklin P. Jones),
《星期六晚邮报》幽默作家、记者

在高观投资，我们是基本面投资者，致力于搜寻业务模式卓越、管理有方、具有长期投资前景的公司。我们不投资市场的宠儿，也不追逐投机市场。我们投资价值。而发现价值，靠的是方法和纪律。高观投资理念为我们提供了久经考验的方法论，帮助我们识别价值。

本章将分享我们的投资理念原则，并以高观所投资的公司为例，展示这些原则在现实世界中的应用。

高观投资理念是如何形成的？

▶ 失败中蕴藏着成功的种子

没有经历过失败的投资者不可能成功。早期的成功只会让投资新手沾沾自喜，而忽视了存在的风险和陷阱。然而，失败会给人教训。我得到了来自各位导师和教授、书籍、特许金融分析师项目和同事的很多帮助，但终归还是要亲自体验被迫开车冲下悬崖的感觉才能领悟投资的真谛。

接下来，我将分享在我的投资生涯中关键的几次失败尝试。

时机决定一切

乔纳森·布什是投资咨询公司 J. Bush & Co. 的创始人，20 世纪 80 年代初，当我在那里工作时，他教会了我基本面分析，理解净资产收益率的重要性，如何正确撰写研究报告，采访公司管理层的技巧、如何提问以及五点销售理念。他告诉我，执行基本面是实现目标的必由之路。尽管每个星期一上午我都会接受乔纳森干货满满的培训课，他也尽心尽力地为我推荐了一些好股票，但我在具体选股时还是遇到了一些问题。

1984 年，苹果公司推出麦金塔电脑，我提出了一个以 23.0 美元的未调整价格买入的建议，预计其价格将上涨至 32.0 美元，甚至更高。

1997 年 12 月，经过 13 年的平淡表现，苹果公司终于触及 23.0 美元，而这是最后一次。当然，如果你按照我的建议持有到今天，你的复合年均收益率就会像我预期的那样，每年 21.6%，持续 37 年……

沉没的宝藏

中华造船厂是一家位于九龙的小型造船厂，与香港岛隔港相望。20 世纪 80 年代末，我在第一太平特别资产（FP Special Assets）工作时，持有过这只小盘股。虽然其核心业务毫无进展，但公司拥有宝贵的不动产，因此我们认为香港特区政府将被迫收购这些不动产，用于建造维多利亚港下的第二条隧道。

就在我们等待回报的时候，中华造船厂宣布，大股东将以两倍于账面价值的价格注入关联方资产。当我最终厘清所有细节时，我意识到注入的资产是现金，只有现金：所有者以 2 美元的价格卖给我们 1 美元的现金……

新加坡的午餐时间

2004 年，我的一位同事发现了一家名为伟城工业（Citiraya Industries）的新加坡公司，经过研究后认为这会是个好投资。该公司回收废弃的电子零件，提取贵金属再出售。其数据看起来不错，技术也不复杂，成本与价值的经济效益颇具说服力。我的同事负责给出建议，但作为首席投资官，我负责做出最终决策。我们购入了股份。

在之后的一次新加坡之行中，我在一天下午拜访了这家公司的首席财务官，并参观了公司的设施。工厂里几乎没有人。当我问员工都去了哪里时，首席财务官回答说："哦，都吃午餐去了。"我看了看手表，对员工们非常规的午餐时间不以为然。

不久之后，新加坡传来消息：老板跑路了，正在被通缉。显然，在那家"优秀"的公司里，全天都是午餐时间……

后记

多年以后，会计研究机构 GMT Research 的朋友对工厂空无一人的原因做出了如下解释：

中国台湾当局注意到，本应在新加坡进行粉碎和回收的属于伟城工业美国客户的报废芯片却在台湾出现。这些计算机芯片被转移至境外销售，从废料中提取的贵金属被虚假申报。2003—2005 年，伟城工业共进行了 1 554 笔可疑交易，价值约 1.61 亿美元。公司首席执行官黄德利在其兄弟的帮助下，在 2003—2004 年盗窃了 62 个集装箱的电子废料，并将其运往香港和台湾的买家手中。之后，他带着销售这些本应被回收利用的废旧计算机芯片赚来的 5 100 万美元逃之夭夭，而其他 11 人被定罪并入狱。

在持有不到两年后，高观投资以 -49.1% 的内部收益率抛售了这些股票。

高观投资初具规模

1991 年，我已经积累了 10 年的金融分析师经验。在考察了数百家公司，听取了许多资深投资者的中肯建议和指导之后，我相信自己已经对基本面投资有了一定的了解。

我来到香港中环拜访麦嘉华，想问问是否可以分租他的一部分办公室，我并不是他的员工，但想和志同道合的投资者在一起。麦嘉华的"图书馆"成了我的办公室，周围摆满了他的经济学藏书，外面还有一台经常坏掉的复印机，以及他大量的个人藏品。我的办公室非常局促，只有一张小书桌和一把摇摇晃晃的铝制客椅，几乎没有站立的空间。真是完美。

我有自己的方向和目标，但首要任务是为我的新公司——高观投资有限公司确立投资理念。我需要将想法条理化，并制定与流程相符的投资理念。最重要的是，我必须确保其行之有效，且经久不衰。

高观投资理念做到了，在亚洲 30 多年的风云变幻中证明了它的有效性。图 3-1 是我们在 1992 年首次向潜在投资者介绍高观投资理念时的一张幻灯片。之后，我将逐一解读其中的四个组成部分。时至今日，除了个别用语，我们的投资理念保持不变。

高观投资有限公司

投资理念

- 卓越的业务模式
- 优秀的公司经理人
- 估值方法
- 长期投资周期

图 3-1　1992 年首次介绍高观投资理念的幻灯片

▶ 高观投资理念

高观投资的成功始终离不开既严谨又灵活的投资理念。作为高观投资的核心，该理念由四个关键部分组成：

（1）卓越的业务模式：这一核心要求是推动我们投资亚洲盈利能力最强的企业的关键。在过去的 30 年里，这一理念为高观投资的业绩做出了巨大贡献。

（2）诚信管理：管理层行为将影响到企业的各项业务，因此对高管才能、业绩记录、个性和抱负的分析也被纳入高观投资的工作流程中。

（3）廉价估值：我们认为，对估值的重视将加强决策的纪律性。简而言之，估值很重要。对高观投资而言，其他任何股票投资的方式都不可取。

（4）长期投资周期：自从高观投资意识到，只有长期投资才是好投资，生活就变得简单多了。

在我们开始逐条解读高观投资理念之前，必须指出的是，我们几乎所有的工作都建立在对公司进行详细财务分析的基础之上。成功的调研能展现公司的优势和劣势、风险和机遇、管理层的胆识等。这是无可替代的。投资理念只有在深入分析的支持下，才能成为强有力的工具。

下面，我们将逐一详述高观投资理念的四个方面。

▶ 一、卓越的业务模式

许多投资者都谈到了投资盈利能力强的企业的重要性。现金奶牛、特许经营企业、再投资风险低的企业以及投资收益率持续走高的企业，皆是经济效益优越的企业。然而，乔纳森·布什说过的一句话让我深以为然，那就是"挑选畅行无阻的股票"。

以下是高观投资认为畅行无阻的优秀企业通常具备的四个特征：

（1）高盈利能力：不出意外的话，卓越的业务模式都具备高盈利能力。高盈利能力不仅是企业成功的标志，而且所产生的自由现金流有助于高管向股东派发股息，实现公平的公司治理。

（2）可预测的每股收益增长：每股收益增长是成功的关键驱动力。没有什么能够与盈利意外下降对业绩所造成的伤害相提并论，因此，我们必须挖掘能够实现可预测的每股收益增长率的优质公司。从高观投资的经验来看，能够保持稳定增长的公司通常具备以下特征：业务周期性低，产品或服务的需求稳定，有扩大市场份额的能力，有长期稳定的盈利业绩。

（3）自由现金流的高效分配：未来业绩的一个重要决定因素是公司如何分配自由现金流，是将其用于对未来增长的再投资，还是通过股息或股票回购将资本返还给股东。在管理层方面，有效地将再投资用于未来增长是一项复杂的挑战。只有在能明确提升公司未来业务的情况下，再投资才是合理的。

（4）强议价能力：议价能力是最宝贵的企业资产，在经济衰退时期起到至关重要的作用，在经济增长、通缩和通胀时期同样极具价值。于公司而言，议价能力越强越好。

优质企业在行动

于高观投资而言，上述四点帮助我们发现了卓越业务模式的一些主要特质。不过，需要强调的是，基于偏好、地点、经历等多种因素，卓越的业务模式在不同时期对不同人群的意义也不尽相同。判断力最终决定一切，前文列出的比率也可供参考。

我们将以高观成功投资的联钢精密科技（Unisteel）和大家乐两家公司为例，展示高观投资对优质企业的判断力。这两家公司的业务大相径庭，但均具备卓越业务模式的财务和运营特征。

联钢精密科技：简单而卓越

节选自我们在2006年的分析：

20世纪70年代末，我在布朗大学攻读国际经济学，我的父亲在纽约经营一家投资管理公司。当时我们经常在一起讨论菲利普斯曲线、创造货币供应量、国际经济发展和股市等问题。在一次市场下行周期中（可能是在他的某个持仓暴跌后不久），父亲提出了他的观点，即投资一家只会制造螺丝钉的公司。当然，他的意思是，运营简单、业务集中的公司通常是最好的投资对象。

联钢精密科技是一家在新加坡上市的公司，主要生产高规格紧固件，也就是我们常说的螺丝钉。直到现在我还记得与该公司首席执行官卓美荣第一次见面时，我突然就想起父亲曾经的建议，不禁哑然失笑。联钢精密科技有着我父亲所认为的优质公司的许多特质，其主营的螺丝钉用于硬盘驱动器和其他电子产品，其中便包括组装苹果iPod（便携式数字多媒体播放器）所需的紧固件，其尺寸之小，我用手指都拿不起来。

运营实力

联钢精密科技凭借卓越的运营能力,在这个常被人忽视的行业中创造了出色的业绩。

- 第一,尽管一级硬盘制造商对供应商的要求出了名地苛刻,但该公司长期以来一直保持着较高的利润率。
- 第二,公司通过提高生产力、增加服务和垂直整合,不断抵消原材料价格上涨和销售价格下跌带来的压力。
- 第三,公司正在以不牺牲长期利润率的方式,向竞争异常激烈的一级手机制造商渗透。

财务成功

亚洲大多数制造商都很难通过内生资金实现增长并支付现金股息。高额的营运资本和资本开支要求使少数股东受制于管理层,而管理层则需要利用他们来获得所需的股本。

相比之下,联钢精密科技为投资者提供了难能可贵的内生资金快速增长和支付高额现金股息的组合。这家公司是如何做到的?

- 第一,联钢精密科技以高效的方式利用其营业资产。过去6年,其营业资产周转率平均为3.15倍,远高于徘徊在1~1.5倍的地区平均水平。
- 第二,联钢精密科技能够以极具竞争力的价格将商品

（不锈钢）转化为高附加值产品，从而使其利润率始终保持在较高水平，2000—2006年平均为27.8%，且波动较小。

- 第三，联钢精密科技严格控制资产负债表。公司资金极少用于非生产性资产。过去6年，非经营性资产平均仅占总资产的11%，而这一数字有助于提高回报率。
- 第四，联钢精密科技创造了大量的自由现金流。自2000年以来，其资本开支平均仅占总现金流的30.3%。与过去6年35.4%的收入复合增长率相比，这一比例尤其低。

成果

财务和运营优势的结合在过去6年里为投资带来了丰厚的回报：

- 平均净经营资产的经营收益率为89%。
- 平均资产收益率为23%。
- 平均净资产收益率为37%。

这让卓美荣能够采取进取的政策，每年派发可观的股息，自2000年以来，股息平均占净收入的61.6%，鉴于自2000年首次公开募股以来超过30%的增长速度，这是一个相当可观的数字。

起初，联钢精密科技只是一家具有潜在周期性的平凡且有点无趣的企业，而最终却创造出极具价值的罕见成果。这绝对是一家我父亲在沉闷的 20 世纪 70 年代末非常乐于持有的公司。

苦乐参半的结局

卓美荣是"高观名人堂"的成员，我们对联钢精密科技的投资在 4.1 年内获得了 37.6% 的内部收益率。如果该公司没有被出售给私募股权投资者，我们的持有期会更长。

大家乐：香港首屈一指的速食餐饮集团

第二个优质企业的案例是大家乐，自该公司 1986 年首次公开募股以来，我一直对其保持着密切关注，并于 1998 年首次对其进行投资。大家乐是香港中式快餐运营商中的佼佼者，但它不仅仅是一家餐厅，它更是一家由诚信管理者经营的杰出上市公司。

节选自高观投资 2007 年 9 月的报告：

大家乐是香港首屈一指的中式快餐运营商。该公司在资产负债表管理、盈利表现和公平的公司治理方面有着长期骄人的业绩记录。集团董事长陈裕光领导着一支经验丰富、高瞻远瞩的出色管理团队。

高观投资有幸能从这台赚钱机器中分一杯羹。在过去的

9年里，大家乐的现金流总额已从1998财年的2.56亿港元上升到当前财年的预估6.2亿港元。因此，大家乐已从净债务为1.31亿港元到2008年3月预计净现金为12.43亿港元。在此期间，该公司还支付了14.86亿港元的股息。

高观投资认为，高经营收益率是衡量公司自由现金流是否充裕的一个绝佳指标。10年前，大家乐的经营收益率（营业利润与平均净经营资产之比）为20%。其最近一个财年的经营收益率上升至68.1%。

我认为，自由现金流、高股息、经验丰富的管理团队和开放式增长的组合，使该股票成为我们投资组合中的一大亮点。自开始投资，大家乐已经创造了30%的内部收益率。

下面这个小故事（在2007年9月的报告中亦有提及）揭示了大家乐成功的奥秘：

在最近一次的香港旅行中，我在购物时观察了一番，这使我对大家乐门店的品质和吸引力有了更深刻的认识。在一天的午餐时间，我走进坐落于都爹利街尽头的一家麦当劳。这家麦当劳位于地下室，需要沿着狭窄曲折的楼梯往下走。那里的天花板很低，都快要把我的幽闭恐惧症给逼出来了。我去的那天，麦当劳提供11种午餐选择，其中绝大多数还是10年前，甚至20年前的菜式。为数不多的座位位于低层地下，需要沿着楼梯再往下走。

当天晚些时候，我路过大家乐在中环最新的分店，它位于皇后大道购物商场的一角，采用了大家乐的第四代设计，其环境、清洁程度和餐点选择与麦当劳相比反差巨大。当时，大家乐提供超过 22 种午餐选择，其中许多套餐每天都会变换花样，让顾客能够天天点新菜。大家乐分店的装潢主打现代风格，店内有着创意的灯光设计、宽敞的座位、简约的家具以及挂在墙上的平板电视。同属大家乐旗下的"利华超级三文治"与该店一墙之隔，为顾客提供了中式快餐之外的另一种选择。这让我不禁感叹道，大家乐与香港人的喜好和文化紧密相连。在这里，人们能够用快餐店的价格，享受到精致餐厅的优雅环境和高品质菜品。

长期回报

陈裕光是"高观名人堂"的一员，大家乐也入驻"高观十年俱乐部"。高观投资在 14.4 年间收获了 23.8% 的内部收益率，并与大家乐管理层一直保持着非常愉快的合作关系。

▶ 二、诚信管理

高观投资将分析管理层的能力、长期业绩记录、个性和抱负作为日常工作的一项基本内容。

我们通过定期走访各公司来了解其高管，考察高管们如何应对业务中不可避免的起伏，以及他们能否在下一个熊市中生存下来：他们是否高瞻远瞩？他们是否言出必行？他们是如何与我们对话的？

诚信经营并不能够用科学方法来量化，因此，高观首席投资官史怀正用四个关键特质来指导投资团队对管理层进行评估，我们将其概括为"COLA"：

- 资本分配（Capital Allocation）。
- 卓越经营（Operational Excellence）。
- 领导力/策略（Leadership/Strategy）。
- 与所有股东利益一致（Alignment of Interests with All Shareholders）。

我们的目标是挖掘那些具有经营实践能力，能打造卓越业务模式的高管。他们必须抱持着与少数股东分享价值的意愿。我们需进一步确定管理层能否通过适当的公司治理和资本管理操作，有效地将价值传递给股东。

以下两位杰出高管的故事，就是诚信管理的典范。

顶级手套：少说，多听

顶级手套（Top Glove Holdings）首次引起我们的注意是在2001年，该公司正准备首次公开募股。当时我们还没有做好投资的准备，但一直对其保持着密切关注。直到2005年，高观投资在马来西亚会见了该公司的董事长兼创始人林伟才博士。在那次谈话中，我们确信这位杰出的管理者将建立一家成功的大型公司，于是我们投资了。

节选自高观投资2006年6月的报告：

顶级手套是全球最大的乳胶手套生产商和销售商，其全球市场份额高达18%。截至2006年8月，高观投资预计收益和净利润将分别达2.45亿美元和2 200万美元。2006年的净资产收益率应达到33.0%。

我记得2005年，在我们做出投资决定之前，我曾到访顶级手套的总部。在一次与公司高管的会议上，林博士也参与了讨论。我本以为会议结束后就可以离开了，但我却被领到大厅外的一个小餐厅，那里有八九名员工正等着与林博士和我在一张圆桌上共进午餐。虽然这些员工都是负有直接职责的高级职员，但他们并不是预期中顶级手套最高层的管理者。让我感到既惊讶又印象深刻的是，林博士并没有以这样或那样的方式引导谈话，也没有作为顶级手套的官方代表发表言论。事实上，他说得少、听得多，并征求同事们的意见，开诚布公地讨论竞争、成本、公司治理、高增长公司的融资挑战、员工股票期权、激励薪酬以及许多其他话题。

在亚洲，下属通常会对老板言听计从，尤其是在外人面前，这段不同寻常的经历让我多年来一直记忆犹新。

在后来的会议上，林博士和同事们讨论了员工们提出的重要成本节约建议，会上的这些建议措施正在公司的12家工厂中落实。

后记

这种态度、包容、倾听与创新的意愿成就了顶级手套这家杰出公司，也成就了高观的这次绝佳投资。

2010年，林博士进驻"高观名人堂"。在6.3年的时间里，顶级手套创造了 39.8% 的内部收益率。

大众食品控股集团：克制、专注与理解

在诚信管理的第二个案例中，我们有幸结识了大众食品控股集团的首席执行官周连奎先生。

节选自高观投资 2001 年 12 月的报告：

大众食品控股集团是中国最大的综合性猪肉加工商，2002 年的销售额和利润估计分别达 7.45 亿美元和 1 亿美元。

该公司的所有者和管理者是 42 岁的周连奎，他是一位自信而低调的企业家。这位谦谦君子在不到 8 年的时间里，便为公司创造了 1 亿美元的利润，展现了他的高度专注和与生俱来的商业天赋。周连奎的个性体现在克制、专注和对每股价值的理解上，这与我们所认为的在中国取得成功所需的技能不谋而合。

在近期于青岛举行的一次晚宴上，我们有机会一同探讨在中国经营大型民营企业所面临的挑战，尤其是作为一家形象不断提升的上市公司而言。他细数了在这个弱者众多的行业中存在的机遇，并谈到了与那些已在上海和深圳上市的竞争对手相比，自己公司独有的竞争优势。

周连奎表示，收购可以提高生产力，但与此同时，他面对收购的谨慎态度也让我印象深刻。他没有急于求成，也没有在员工或价格问题上妥协，并多次坚持表示，他的目标是在 3 年，而非 1 年内，将产量翻一番。周连奎见过许多眼高

手低的企业家，他的理念让高观有信心对大众食品进行巨额投资。

后记

大众食品是高观在中国早期投资的纯内资企业之一。周连奎卓有成效的领导让我们见识到，管理良好的公司是如何应对挑战，如何开发中国市场的巨大潜力的。这对高观投资的未来发展而言是非常宝贵的经验。

周连奎对高观投资的贡献远远超过了我们在大众食品 8.6 年的投资中所获得的 9.8% 的内部收益率。

▶ 三、廉价估值

要找到具有上述特征的优秀企业并不难，但发现那些估值诱人的公司却困难得多。付出并不总能收获相应的回报。当机会不合适时，我们必须有说"不"的勇气，然后向下一站进发。对于高观投资在过去 30 多年里所获得的超额收益而言，这一原则功不可没。

在估值挑战面前，高观投资握有一系列利器和规则。

- 我们为纳入考量的每家公司量身定制财务模型，并在一页纸的范围内罗列投资论点，重点阐述该企业的五大驱动因素，这是乔纳森·布什在 40 多年前教给我的。
- 我们会对投资组合进行细分，以确保将新的股票投资想法与同类股票进行比较，例如，我们不会把本土领军企业与基础设施公司放在一起，因为这违反了"同质"原则。

- 我们创建了一个名为"高观塔"的详细股票数据库，如果价格合适，我们就可能买入。通过将"塔"内的公司与投资组合进行比较，我们便能始终确保优中选优。丹·鲁普（Dan Rupp）是为高观投资团队效力了 15 年的员工，他对"塔"的实用性进行了超预期的提升。

- "高观投资盈利摘要"提供了每笔持仓和整个投资组合的完整定量和定性结论，并展示了我们持有的资产以及该如何进一步完善：如何在盈利能力不变的前提下实现更多增长？如何用更高的盈利能力换取更低的估值？如此等等。这些问题的目的在于，确保新的想法能够增加现有投资组合的收益。

- 现在的投资组合与以往相比优势何在？我们有 30 年的投资组合数据可供参考。

- 我们所应用的是在 38 年前创建并于最近更新的"高观方程式"。该方程式是一个基准，但并不绝对，通过解读盈利能力和增长的价值，帮助我们在投资过程中去情绪化，进而选择盈利能力强的企业，而非快速增长的企业。高盈利能力带来自由现金流，而自由现金流又带来股息和更好的公司治理。

$$\frac{标准化每股收益增长率 + 经营收益率}{市盈率} = 价值分数$$

▶ 四、长期投资周期

我经常游说公司的董事长和总经理,让他们认识到,投资是一场马拉松,而不是百米冲刺。时间匆匆而过,可持续业绩比大多数高管所认为的更重要,也更难实现。这对高观投资而言同样至关重要。

——罗兰士,1996 年

长期收益的复利效应非常强大。有了稳定的业绩记录,预测一家公司的未来收益就容易多了。对于高观投资而言,业绩记录就是一座能够进行深入财务分析的金矿。我们在 2013 年底开始关注福耀玻璃,发现了该公司的许多优势,特别是其 15 年来的持续增长和盈利能力。

过去预示未来:福耀玻璃

节选自高观投资 2015 年 3 月的报告:

福耀是中国最大的汽车玻璃企业,占中国汽车市场份额的 63%。福耀的规模是其在中国最大的竞争对手的 5 倍,在中国的重要主机厂生产设施附近开设了 12 家生产厂。福耀的产品销往中国和海外的各大主机厂,是少数几家打入中国乃至全球顶级汽车公司的中国汽车零部件公司之一。国际销售占其营收的 35%,高观投资预计这一领域在未来几年还将扩大。

增长和盈利能力

以下是两张横跨15年的图。图3-2显示的是各种利润率，图3-3显示了以人民币计算的销售额、营业利润、净利润和股息的增长情况。

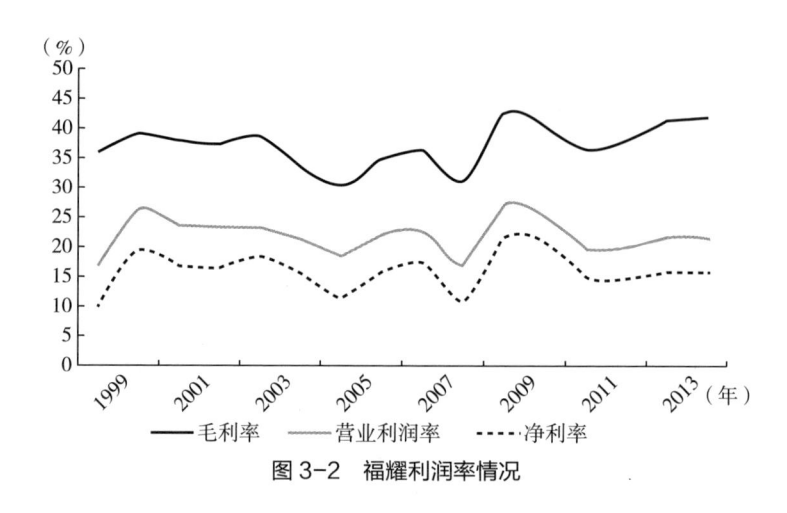

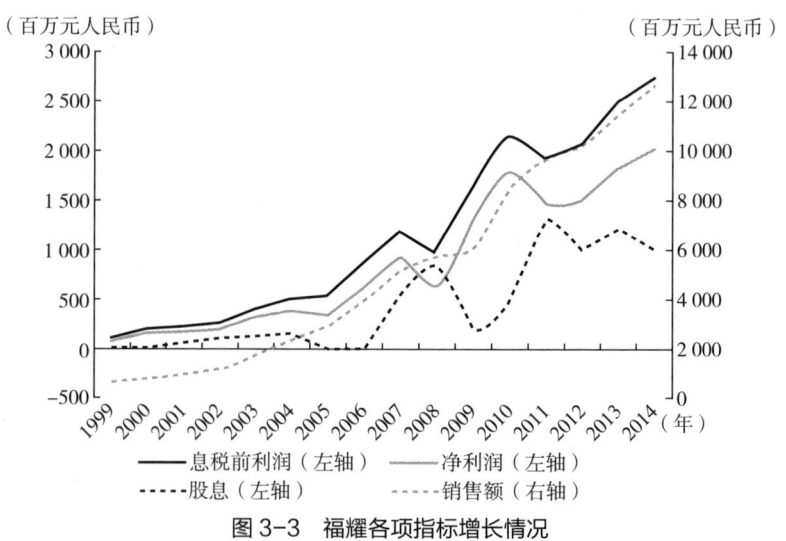

图 3-2 福耀利润率情况

图 3-3 福耀各项指标增长情况

两张图都凸显了福耀在过去 15 年里取得的骄人成绩，也让我们对未来充满信心。

福耀的财务模型

在过去 15 年里，福耀的营收增长和每股收益复合增长率分别为 22.4% 和 25.3%。在这 15 年中，福耀的平均派息率为 49%。2003 年，福耀在中国增发，募集资金 5.81 亿元人民币。从那时起，该公司已累计发放现金股息超过 68 亿元人民币。福耀带给股东的回报有目共睹，高观投资看好其未来前景。

最终结果

在投资福耀的 5.8 年间，高观投资收获了 23.3% 的内部收益率。

▶ 高观金字塔：获得超额收益

如果你能准确地执行投资理念，找到那些符合严格要求的杰出公司，挖掘到下一个联钢精密科技或福耀，并能够长期坚持做下去，那么你的辛苦付出就会得到回报。

我们将执行投资理念的力量称为"高观金字塔"（见图 3-4）。

可以将高观金字塔视为一个集结了所有达到市值要求的亚洲上市公司的整体。

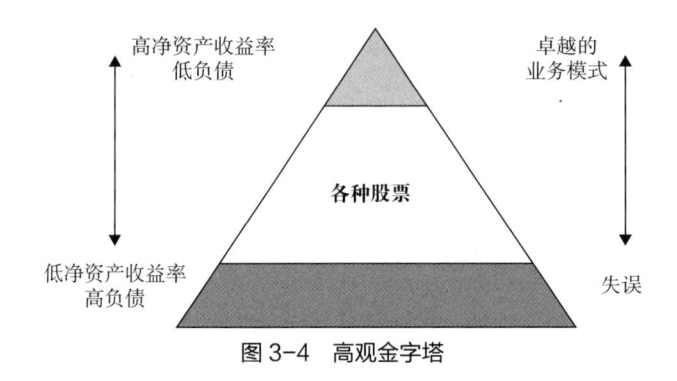

```
         高净资产收益率              卓越的
           低负债                   业务模式

                    各种股票

         低净资产收益率              失误
           高负债
```

图 3-4　高观金字塔

位于金字塔顶端的是具备本章所述全部特质、经过精挑细选的少数公司。其中许多都是"高观名人堂"和"高观十年俱乐部"的成员。

金字塔的底层是那些普通公司，它们赚不来高额回报，而且由于业务失败无法实现可预测的增长。许多公司的高管只在乎为自己攫取价值，而牺牲少数股东的利益。还有很大一部分企业的现金流长期为负，在一次又一次的融资中徘徊。当高观投资持有了这样一家公司时，我们便称之为一个失误。

下面，我将要展示高观投资理念的真正力量。如果投资者能设法将投资组合推向金字塔的顶端，并至少保持5年，那么该投资组合就能在全球范围内获得超额收益。

"超额收益"在投资界是一个很有分量的词，我们不会轻易说出口。

这里有两点需要注意。首先，投资者不能为这些好公司支付过高的价格。即使是适度的高价，也会影响超额收益。不计后果的高价买入会让一切努力付诸东流，白白浪费由优秀高管运营的卓越业务模式。其次，随着基金规模的不断扩大，持仓与金字塔整体重叠的比例将越来越高，从而使基金创造非相关收益的能力面临风险。

高观投资持有的适当数量的金字塔顶端公司,使其每股资产净值能以14.3%的复合增长率增长。30年来,我们每年的表现均较大盘高出6.5个百分点。更重要的是,我们为高观投资者带来了14.2%的回报。在我们的基金规模从小型扩增至中型,又发展为大型的过程中,我们始终跑赢大盘。以前我选股时,我们每次的表现都更胜一筹,现在我几乎不选股了,而我们的表现依然出类拔萃。

唯一合乎逻辑的可信解释便是,我们的成功源自对高观投资框架始终如一的贯彻。

▶ 向投资者交付成果

我们在本章前半部分提到,投资组合高于整体的超额收益源自对投资理念的执行,而有效的商业操作则为高观投资者带来了价值。投资理念和商业操作必须相辅相成,二者缺一不可。

我们可以将其理解为一个公式:

$$投资理念 + 商业操作 = 投资者成功$$

对于企业而言,这一原则同样适用。高观投资所寻找的优质企业,既能以卓越的运营创造价值,又能通过出色的公司治理和资本管理,以有效的商业操作为股东带来回报。公司的运营和商业操作必须相辅相成。

我们也可以将其理解为一个公式:

卓越的业务模式＋商业操作＝企业成功

当商业操作出现失误时,基金经理或企业很少会一帆风顺。在下一章,我们将讲述一个在投资管理行业事与愿违且使人震惊的故事。

· 第 4 章 ·

事与愿违

很久很久以前,有一位外地游客来到纽约金融区游览观光。当一行人到达炮台公园时,一位导游指着几艘停泊在岸边的气派游艇说道:"看,那些是银行家和股票经纪人的游艇。"

而游客则天真地问道:"客户的游艇在哪里?"

——小弗雷德·施韦德(Fred Schwed, Jr.),

《客户的游艇在哪里?》(1940)

我们在上一章解释了高观投资理念如何在过去30年中创造了高于整体的超额收益。同时还提到，要为高观投资者带来超额收益，就必须采取有效的商业操作，二者缺一不可。

我们都清楚投资理念失败的后果。但如果是商业操作失败呢？

我在2010年的财经媒体上读到了下面的故事，它在我的脑海中挥之不去，让我记忆犹新：

由肯·希布纳（Ken Heebner）管理的CGM焦点基金（CGM Focus Fund）被晨星评为"10年来表现最佳的美国多元化股票共同基金"。《华尔街日报》报道，CGM焦点基金在过去10年中的时间加权收益率达18%。然而，晨星的数据显示，如果以资本加权收益率来衡量，相关投资者在同期实际上平均每年亏损11%，这相当于10年间每年折损29个百分点。换句话说，普通投资者投资这一"表现最佳"的美国多元化股票共同基金，实际上是赔钱的！

这样的故事令人震惊，但在投资管理领域却司空见惯。当基金的实际表现与基金经理提供给客户的业绩之间存在如此巨大的折损时，就一定出了问题。

怎么会出现这种折损呢？

▶ 首先，我们来解释几个名词

- 时间加权收益率：计算的是在特定时期内，投资组合中每股资产净值的复合增长。基金经理大肆宣扬的就是这个数字。
- 资本加权收益率：计算的是个人投资者收益和基金所有投资者共同收益的内部收益率。资本加权收益率涵盖了自基金成立以来进出投资者特定账户和基金的所有现金流。这个数字几乎从未公开出现过，原因我们稍后再探讨。
- 折损和溢价：是指特定基金的时间加权收益率和资本加权收益率之间的差额。当资本加权收益率低于时间加权收益率时，就会出现折损。

时间加权收益率和资本加权收益率之间的巨大折损无疑是失败商业操作的标志。以下是 2010 年 12 月的报告，对此进行了解释。

华尔街不为人知的小秘密

高观投资成立后不久，曾经有一位相当苛刻的瑞士客户要求我在月度报表中加入资本加权收益率数据。当时我并不了解情况，就天真地将相关信息加了上去。从此以后，我便开始在所有投资者的月度和季度报告中加入个人和合伙企业的资本加权收益率信息。高观投资自成立以来，坚持向每位投资者提供其具体的投资结果，对此我一直引以为傲。我的妻子是苹果公司元老级的营销高管，在她的耳濡目染下，我觉得这是体现"广告真实性"的绝佳案例。无论投资者对高观投资是否满意，他们各自的投资收益率都绝对清晰与合规。

这让我想到了2010年，高观投资业绩记录中的一项给了我当头一棒，狠狠地给我上了一堂业绩和投资课。

我接下来的故事和观点可能会有所冒犯，对冲基金经理和激进的"资产收割机"可以跳过此部分。

关于时间加权收益率、资本加权收益率和折损的研究

对于大多数基金而言，资本加权收益率的表现不如时间加权收益率，这是一个业界公认但却未被投资者意识到的问题。

我第一次接触到"折损"一词是在20世纪80年代初，当时我读到了一份关于麦哲伦基金和彼得·林奇（我的偶像之一）的研究报告。

资本加权收益率报告显示（我记不清具体数字了，也找不到实际的报告），虽然彼得·林奇在麦哲伦创造了领先全球的回报率，但相关投资者的实际回报却差得多。

耶鲁投资办公室的大卫·史文森在其著作《非凡的成功》中的"业绩追逐"一章，也重点提到了2000年互联网泡沫时期，科技共同基金投资者所遭受的折损。

先锋领航集团（Vanguard Group）的创始人约翰·博格也撰写了大量有关折损的文章。他在《博格长赢投资之道》一书中指出，在2005年之前的25年中，资本加权收益率在指数中平均每年落后时间加权收益率5个百分点。

为什么会有折损？

造成折损的主要原因有两个。

第一，在基金成立之初，当管理资产规模较小时，基金经理可以通过时间加权收益率来衡量基金的业绩。然后，基金经理被"发掘"、被"提拔"，大量资金流入基金，这是基金经理喜闻乐见的。然而，随着资产基数的扩大，这位声名鹊起的基金经理却表现不佳，拖累了其时间加权收益率，同时也压低了他的资本加权收益率。

第二，如果投资时机不当，则会对资本加权收益率造成损害。投资者对热门主题基金趋之若鹜，但会在市场下跌时退出。这种行为将不可避免地降低其资本加权收益率。然而，无论是买得精、卖得差，还是买得差、卖得精，都会导致折损。

平均而言，当出现以下情况时，折损会加剧：

- 基金的管理资产规模增长迅速，折损往往随着基金绝对价值的增加而增加。
- 资金投资于热门资产类别。
- 基金面临过高的估值风险。

- 基金对"组合型基金"（fund-of-funds）投资者的风险敞口过大。
- 基金运作于波动性较高的行业。

谁来负责？

基金经理们毫不客气地将出现折损的两大主因都归咎于投资者。这些话是不是听着很耳熟："支票不是我开的。""管理资产规模的快速增长不会影响我的业绩。""我告诉过投资者不要在熊市底部赎回。""对，'组合型基金'投资者占我管理资产规模的45%，但他们都做出了长期承诺。""对，基金已经大幅上涨，但市盈率仍然相对较低。"

我从不相信这些借口，个别基金经理乃至整个资产管理行业都是折损的同谋，而且轻易地推卸掉了资本加权收益率的责任。基金经理应该"掌管"他们的资本加权收益率，并对其进行披露。

折损能消除吗？

这个令人沮丧的故事从这里开始变得有趣了。

虽然有关折损的文章很多，但我发现几乎没有任何文章提到，其实基金经理几乎能够消除折损。对，我说的是基金经理"几乎能够"消除折损。

如表4-1所示，高观投资从成立到2021年的30年间的各个时间段，几乎都消除了折损。

表 4-1 高观投资成功消除折损

更新截至 2021年5月31日	资本加权 收益率（%）	时间加权 收益率（%）	资本加权收益率高于时间 加权收益率的差额（%）*
5 年	18.4	17.1	1.1
10 年	13.3	12.7	0.5
20 年	16.7	17.2	−0.5
自成立以来（30 年）	14.2	14.3	−0.1

注：* 按几何复利计算。

我在之前很长一段时间里，都在探寻高观投资成功消除折损的原因，在经过了 12 年的经营之后，我终于找到了答案。消除折损的法宝在于我们的法定认购上限。没有其他合理的解释。

这一成就并不像我最初认为的那样，是我们的投资理念发挥了作用，或是靠着投资者在投资时机上的运气。我们的投资理念确实助力实现了时间加权收益率高于大盘的不俗表现，但对资本加权收益率却没有任何影响。投资者的运气也不是主因，因为投资者一直在向高观增资。在过去 30 年中，仅允许有限数量的资金稳定进入的法定认购上限才是根本原因。而控制管理资产规模的增长是消除折损的关键。法定认购上限是我们今天故事的主角。

难道不是所有基金经理都能消除折损吗？

接下来我要开始抨击基金行业了。已经读到这里的对冲基金经理和"资本收割机"真的可以就此打住了。

如果认购上限能够让高观投资消除折损，那么假如所有基金经理都采用法定认购上限，从而将认购的增长持续限制在每年8%~9%的范围内，这样是不是就能消除折损了呢？我的回答是肯定的。

如果基金经理通过实施认购上限，就能为投资者带来每年4~9个百分点的业绩提高，他们究竟为什么不这么做呢？那样客户会对他们忠心耿耿，企业也会获得良好的长期前景。众所周知，华尔街和基金管理行业的激励机制围绕管理资产规模和自身财富的积累展开，而非客户的财富或是资本加权收益率的产生。

尽管个别基金经理可以否认这一点，但我们只需看看几个基金经理是如何向投资者报告资本加权收益率的，便一目了然。高观投资的一些客户告诉我们，高观是极少数披露资本加权收益率数据的公司之一。许多对冲基金经理都不敢公开这些数据，因为这将暴露他们对时间加权收益率业绩的宣传存在误导，甚至几乎是欺诈性的，他们与投资者之间的利益冲突巨大。如果不相信，那就请让你的基金经理把他们1年、3年、5年和10年的资本加权收益率数据发送过来，我敢保证，你收到的回复一定少得可怜。

折损对高观投资者有危害吗？

虽然实施认购上限的基金经理无法保证时间加权收益率，但我逐渐意识到，折损过高的基金会给投资者带来实质的风险。例如，在熊市中，高折损的基金肯定更容易被赎回，并使投资者面临侧袋机制成本或赎回限制。几乎可以肯定的是，如果我们把所有启动侧袋机制或赎回限制的基金的数据放在一起，就会发现相当大比例的基金存在我所说的"资本加权收益率问题"。换句话说，就是折损过高。

因此，我坚信折损过高对投资者有害，所有投资者都应密切关注各个基金的这一数字。

如果你的基金经理没有提供以下四项数据，也许你就该重新审视一下你的投资了。

（1）时间加权收益率。
（2）资本加权收益率。
（3）基金管理资产规模。
（4）全机构管理资产规模。

谁的折损最高？

真正令我气愤的是，尽管时间加权收益率为正，但一些最大的（也就是最贪婪的）对冲基金经理很可能有巨大折损。这里我指的是那些增长迅速、备受瞩目的 2/20[①] 对冲基金经理，他们在小规模时依靠出色的时间加权收益率建立业务，然后在管理资产规模扩大后，乐此不疲地吸纳大笔资金。正是这群"以业绩为基础"的经理人，让资本加权收益率成了一个不可告人的秘密。

---

① 2/20 的意思是，基金经理从投资者那里收取每年 2% 的管理费和 20% 的业绩分成。

我尊重你的才华,但我完全不喜欢你这个人。

——神探可伦坡,

出自热播14年的电视剧《神探可伦坡》,

由彼得·福克(Peter Falk)主演

▶ 商业操作是关键

基金经理要如何纠正"折损"?改变商业操作。在下一章中,我们将详细介绍高观投资的商业操作,以及它是如何践行"为投资者创造收益"这个唯一的宗旨的。

· 第 5 章 ·

高观商业操作

高观投资将投资者的利益置于首位,力求提供卓越的投资回报。

——罗兰士

高观投资的宗旨只有一个——为投资者创造收益，即为每位投资者和整个高观社群的投资者带来长期的资本加权收益率，这是我们衡量成功的标准。

我们在前两章中强调过，时间加权收益始于投资理念，但这些收益必须通过有效的商业操作交付于高观投资者。而向投资者提供收益则是我们商业操作的一部分。

▶ 高观商业操作

我们的商业操作由各项政策、程序和纪律组成，共同为高观投资者交付资本加权收益。其中包括：

（1）我们通过法定认购上限以及在必要时向高观投资者返还资本来控制管理资产规模。

（2）我们坚决禁止可能导致贪婪和利益冲突的政策。

（3）我们致力于构建一个由长期目标一致的高质量投资者组

成的高观社群。

（4）我们力求打造崇尚多元、合作和勤奋的企业文化。

（5）我们为高观投资所有权向第二代和第三代管理层的过渡制订了完善的"传承计划"。

（6）我们积极应对气候变化，并拥抱文化多样性。

（7）我们选择适用且独特的高观现代金融技术，来改善公司治理和资本管理。

下面我们将逐一详述高观投资的商业操作。

▶ 一、高观投资认购上限

正如我们在第4章"事与愿违"中所述的，向高观投资者交付资本加权收益最有效的方式是控制管理资产规模。而控制管理资产规模最有效的方式便是实施法定认购上限。

高观投资认购上限始于我们成立之初。

1992年，我与帝龙家族的代表克罗斯比·史密斯（Crosby Smith）在纽约大学俱乐部共进午餐时，他问我为什么不像其他投资经理那样通过募资赚佣金。

我说："因为我只对挑选股票、投资亚洲感兴趣。"克罗斯比将信将疑地看着我，似乎在说，这种话他听得多了。我接着说道："如果我把基金的首次认购额限制在3 000万美元，你怎么说？"

"你要这么做的话，帝龙家族将承诺出资100万美元。"克罗斯比和我握手，高观有了第一个投资者。高观投资认购上限就在那一刻诞生了。

事实证明,认购上限是我们 30 年来最重要的一个商业决策,它所带来的持久效益远远超出了克罗斯比和我当时的预期,其中包括:

- 认购上限限制了市场在顶部时的资金流入,而且不鼓励投资者在市场底部赎回,从而降低了管理资产规模的周期性波动。
- 当机会来临时,比如在熊市末期,认购上限往往能提供一份等待认购的投资者清单。
- 认购上限激励投资者对高观投资做出与我们的长期投资周期相一致的长期承诺。投资者通常需要等待 6~12 个月才能进入基金,因此对于试图把握市场时机的投资者来说,短期内无法获得收益。

近年来,高观的投资还出现过两次短期内过高的收益,使我们的管理资产规模达到了必须加以处理的水平。

(1) 截至 2018 年 2 月,高观投资的管理资产规模在 21 个月内从 37 亿美元增长到近 60 亿美元,增幅达 61.0%,其中 97% 的增长来自我们的投资收益。
(2) 截至 2021 年 2 月,高观投资的管理资产规模在 27 个月内从略高于 40 亿美元增长到近 75 亿美元,增幅达 83%,其中 87% 的增长来自我们的投资收益。

虽然这种收益在短期内对高观投资者而言是个好消息,但根据多年的行业经验,我们深知,基金管理公司的快速资产增长和巨大的管理资产规模很少符合投资者的最佳利益。因此，我们两次决定将 10 亿美元返还给高观投资者，以便更好地将资产集中在最好的机会上。

正如我们在 2021 年 1 月致投资者的信中写道：

> 我们非常重视对高观投资者的信托责任，不能忽视管理资产规模快速增长所带来的挑战。高观投资的认购上限在过往减缓了我们的资产增长，但即便是认购上限也无法为过去 11 年的增长减速。一个不争的事实是，我们的资产增速超过了高观投资的健康发展速度，我们拒绝以声誉和高观投资者的资本加权收益率为代价来换取额外的佣金收入。

控制管理资产规模还能让我们有效地构建投资组合。高观投资认为，在投资组合中持有 20~22 家公司，既能达到合理的多样化水平，又能为我们提供信息和洞察方面的优势。一旦确定了持有 20~22 家公司的目标，高观投资也就确定了买入市值相当或大于高观投资管理资产规模的公司的操作。以上二者相得益彰。

▶ 二、禁止可能导致贪婪和利益冲突的政策

在 20 世纪 90 年代初，我参加了在香港中环皇后大道的老希尔顿酒店举行的证券分析师午餐会。大约 50 位与会者分坐于 6 张大圆桌，与我同桌的是香港某资产管理公司的董事总经理，一位大名鼎鼎、备受尊敬的人物。

我们这一桌就软美元佣金展开了讨论，当时的香港投资管理

界正就这一问题进行调查。出乎我意料的是，坐在我对面的这位董事总经理发言支持软美元佣金，并为这种做法辩护。在我看来，软美元佣金就是对客户利益的窃取，于是我当面指出了这一点。他耸了耸肩，好像在说："那就求同存异吧。"他和他的公司在我心目中的形象一落千丈。

如果我或高观投资从交易中获取经济利益，那又怎么可能会符合投资者的最佳利益？这是我无法理解的公然利益冲突，必须予以消除。我们在1994年12月的报告中记录了我们的政策：

- 高观投资及其员工不得接受经纪返利。低经纪费的收益归属于高观投资者，而非管理公司。我们强烈谴责经纪返利的操作及其必然导致的利益冲突。
- 在业绩表现较好的年份，我们会降低管理费，与高观社群共享成功。
- 高观投资及其员工不得通过其个人账户买入亚洲上市公司的股票。我们鼓励员工直接通过高观投资有限公司进行投资，并且不受认购上限的限制。我们将大部分个人净资产投资于高观投资有限公司。虽然我们崇尚自食其力，但也认为应该与投资者同甘共苦。
- 我们没有任何隐藏费用或加价：所有高观投资者，无论体量大小，费用相同。

高观投资的首席运营官兼首席财务官莫艾伦在其前任李月美女士和麦龙俊（Michael Lonergan）打下的基础之上，不断完善高观商业操作。

▶ 三、构建高观社群

　　吸引短期资本投资者追逐短期收益不可能实现长期成功，这几乎是一条定律。不可避免的是，业绩总有一天会滑落，那时短期投资者就会赎回。我们从成立之初就明白，与优质投资者建立可信赖的关系对高观投资取得长期收益至关重要。沟通是关键。因此，史怀正、冯良怡、艾伦和我一直保持着及时报告和定期对话的习惯，以加强高观社群对高观投资的了解和信任。

　　麦美妮（Jeannine Medeiros）、纳塔莉·麦（Natalie Mak）和埃丝特·亚当斯（Esther Adams）负责沟通与宣传工作，采用的是麦美妮的前任艾清琪（Ellen Zinke）建立的系统和程序。麦美妮、纳塔莉和埃丝特更新了高观投资网站，加入了人性化的导航工具并改进了设计，为投资者对30年来的资料进行分类。艾清琪在高观投资辛勤奉献了22年直至光荣退休，纳塔莉在高观投资任职即将满18年，埃丝特也已入职15年，我们根本离不开她们。在高观投资的发展历程中，后台团队始终如一，兢兢业业。

- 季度报告详述了投资组合的分配和业绩，提供对主要持仓的分析，并讨论重要问题。
- 半年一次的发布会涵盖高观投资框架、当前投资、地缘政治和宏观经济环境，评述投资组合中最大的持仓，并提供投资组合、估值和表现的定量分析。
- 在美国各地举行的半年会议为高观投资者提供了一个通过面对面交流全面了解高观投资的机会。如果我们需要在九点半到达第五大道，那么埃丝特不会再给我们安排一个十点在公园大道的会议。

- 我们的网站提供 30 年来发布过的全部信息，包括最新及历史财务报表、业绩数据、法律文件、完整的报告库以及高观投资管理层和方法论的相关内容。我们从来不会报喜不报忧。
- 月度报告包括财务报表、投资组合业绩和个性化收益报表，以及高观投资的资产负债表和每位投资者的资本加权收益率。

▶ 四、高观投资的文化基因

正如后面环境、社会和治理投资相关内容所述，我在高观投资的同事是全亚洲最稳定、最多元的投资管理和后台团队成员。尽管多元化往往伴随着复杂性，但也使我们的分析更为丰富，并增强了我们的决策能力。

高观投资已发展 30 多年，是企业文化和投资价值助力我们吸引并留住了专精人才。我们所有人都珍惜参与全球竞争最激烈的市场的机会，并化竞争精神为对外利器，而非用于疯狂"内卷"。

我们不喜欢"事后诸葛亮"，不支持在犯错后的互相指责，更不提倡在成功时的邀功请赏，我们在乎的是甘苦与共。史怀正、冯良怡、梁鸿标和我都认为，在高观投资的一路同行使长时间的工作成为一种乐趣，而非烦恼。

丹·鲁普负责管理投资流程的执行，是构建高观文化不可或缺的一部分。在动荡不安的日子里，他总能振奋人心，为整个团队的同事送去关怀，同时也得到了王小溪、林崟浩和陈柏林的鼎力相助。高观投资第四代员工的才华、奉献精神和热情不断给投资委员会带来惊喜。

下面这个小故事描绘了我们所希望创建的企业文化类型。20世纪80年代初，我在纽约格林威治村一家韩国杂货店的楼上住了大约3年。在那段日子里，我每天努力工作，早出晚归，但从来没能赶在姜先生开门之前去上班，在我下班到家时，他家店门也总是开着的。他的产品永远最新鲜、最优质，而价格却能保持最低。他的敬业精神和辛勤工作让附近所有其他杂货店都感到了竞争的压力。

高观投资的企业文化激励着我们，像姜先生一样，秉持着敬业精神和经营目标，在前进的每一步都不惧与其他基金经理一较高下。

- 与其他公司相比，我们选择考察公司的目的更加明确。
- 我们力求为会议做好充分准备。
- 我们致力于对所有投资进行更深入的分析。
- 我们努力深挖公司的现金流。
- 我们能比竞争对手更有效地利用逆向思维。
- 我们执行交易时更加谨慎。
- 每次拜访后，我们都会发送一封感谢信，以此来加深彼此的关系。

你永远无法确定哪些举动会在哪一年为我们的业绩加分，但随着时间的推移，一举一动都在默默地添砖加瓦。

▶ 五、高观投资所有权的过渡

37年前,我刚到香港不久,我当时的上司罗伯特·迈耶(Robert Meyer)用神乎其神的语气讲述了一位名叫巴里·梅茨格(Barry Metzger)的律师的事迹,罗伯特曾在高特兄弟律师事务所(当时亚洲最杰出的美国律所)与巴里一起共事。因此,在我与韩国泰光集团及其会长李豪镇发生纠纷,而直接向巴里寻求帮助之前,已经听闻其大名长达15年。关于这场纠纷,我们将在第8章"现代金融技术"中进行详述。巴里对法律行业的诸多方面都充满热情并得心应手,但他最大的兴趣之一是亚洲的公司治理。当我在韩国求助时,很幸运地得到了他的回应。

2010年,我打电话给巴里,当时他是贝克·麦坚时(Baker McKenzie)在华盛顿特区的合伙人,我说道:"我在考虑高观投资所有权的过渡。我今年55岁,如果要顺利完成交接,似乎现在就应该着手。你能推荐一位擅长这方面工作的律师吗?"巴里回应说:"给我24小时。"24小时后,我接到了他的回电:"我愿意接手这项工作,但我有两个条件:第一,对最终解决方案不能存在先入之见;第二,至于何时完成,没有预设的时间表。"虽然巴里和我都没有所有权交接的经验,但我知道对他而言,这只是另一个有待突破的挑战。我人生中最精彩、最深思熟虑、最有意义的一年就这样开始了。

巴里和我开启了一段完全私密的探索之旅。我和他相约在旧金山、香港、华盛顿特区和纽约碰面,在世界各地不分昼夜地长时间通电话。我记得,在整个流程的早期,巴里对我说:"回家告诉丽尔,你现在退休了,过一周左右看看感觉如何。"一周之后，我却对实现高观投资未来的持续发展目标更加兴奋。退休不适合我，也不适合丽尔。在我们长达一年的项目中，巴里·梅茨格充分施展了他的魔法。

我们的目标是将高观投资有限公司的所有权顺利移交给下一代领导者，以实现长期的可持续发展。巴里和我对公司及未来进行了全面审查，我们很早就意识到，一个充满活力、可持续发展的高观投资对各方而言，都比转手卖给一个行业内的下家更有价值。考虑到第二代，乃至第三代、第四代所有权的长期未来，经过对各种备选方案的讨论，我们敲定了"传承计划"的各个组成部分。

下面有请高观投资时任首席财务官麦龙俊从他的视角讲述这一计划。

麦龙俊对管理层过渡的思考

香港的管理团队在星期一上午得知了这项计划。罗兰士已经为此忙碌了12个多月，而我们所有人对这项计划的推进一无所知。巴里和罗兰士准备得非常充分，他们明确表明，这项提案是个千载难逢的机会，事实也确实如此。

巴里和罗兰士提出两个条件：要么所有人都加入，要么所有人都退出，而且必须在一个月内签署文件。"传承计划"给管理团队带来了一些冲击，但如果我们静下心来充分考虑其中的机遇和影响，便都会欣然接受。

最终计划旨在实现四个目标：

（1）基于高观投资者的利益，保证管理的持续性。

（2）表彰管理团队的贡献。

（3）为管理团队执行高观投资理念和商业操作构建长期激励机制。

（4）重申罗兰士的领导承诺。

事后看来，罗兰士认为有必要施行的"传承计划"实现了许多投资公司未能实现的目标：及时制订了可持续的继任计划，并确立了其作为高观商业操作核心组成部分的地位。

该计划为企业所有权的逐步转移构建了一个机制。同时，随之而来的困难也应受到重视。

遗憾的是，2012 年，在完成过渡工作的一年后，巴里·梅茨格因胰腺癌过早离世。希望"传承计划"的出色成果和持久影响能够告慰巴里的在天之灵，我们也为他能成为"高观名人堂"的一员而倍感荣幸。

▶ 六、环境、社会和治理投资

纵观高观投资的发展历程，环境、社会和治理投资一直是我们投资理念与商业操作的自然组成部分。我们对环境、社会和治理的承诺将在本书的第 15 章"环境、社会和治理：气候差异"中进行详述。

▶ 七、高观投资的现代金融技术

优质企业，不仅限于投资公司，必须实施有效的商业操作，为股东创造业绩。商业操作中的盲点，尤其是在公司治理和资本管理方面，将阻碍业绩的实现。在高观投资，我们负有信托责任，就这些问题向持仓公司的高管提供战略建议。我们的目标在于助力优秀公司成为伟大企业。

事实证明，与管理层的讨论对各方皆有裨益，因此高观投资将这一做法正式命名为"现代金融技术"，我们将在本书后面的章节中加以介绍。

* * *

在高观投资，我们相信卓越的业绩靠的不是运气或时机，而是一个可以通过有条不紊的执行持续实现的商业目标。

以上章节阐述了高观投资理念及商业操作（尤其是法定认购上限）如何为高观投资者创造卓越的投资回报，两者的相辅相成是我们需要时刻强调的重中之重。

下一章将介绍高观投资理念和商业操作是如何相互作用，并通过安全边际为投资者带来超额收益的。

· 第 6 章 ·

高观投资安全边际

一个能够经受住 99% 概率考验的投资组合可能会因剩下的 1% 概率的实现而垮掉。从结果上看，这个投资组合一直存在风险，尽管投资者已经相当谨慎。
另外一个投资组合也许有一半可能表现良好，而另一半可能表现很差。但是一旦理想环境成为现实，投资组合成功，那么旁观者就会断定它是一个低风险投资组合。

——霍华德·马克斯（Howard Marks），《投资最重要的事》

每个投资者都希望跑赢大盘。在某几年，他们可能获得超额收益，但在其他几年却事与愿违。人们常说："这就是市场。""只是运气的好坏罢了。""希望明年会更好，对吧？"

我不敢苟同。我们认为，超额收益可以而且应该有条不紊、持续稳定且长期可靠地实现。

让我们来好好分析一下。

近一个世纪以来，从格雷厄姆和多德到沃伦·巴菲特，再到塞斯·卡拉曼，投资界名流都将"安全边际"视为投资者应尽力遵守的核心原则。仅"安全边际"几个字便暗示了其含义，但准确、普遍的定义却始终难以捉摸。似乎每个投资者对这个词的看法都不尽相同，也许这恰恰是关键所在：安全边际的最佳定义取决于每个投资者自身的情况、经验和技能。

高观投资成立的30多年来，我们一直努力想要阐明安全边际的确切意义，也正因如此，我们甚少谈及，甚至有些回避安全边际。经过长时间的探索，我们才认识到，安全边际并不是一个抽象的概念，而是我们在为投资者实现超额收益的过程中，自然而然产生的必然结果。现在，我们终于能提出以下定义：

高观投资的安全边际是指，我们通过将投资理念与商业操作相结合，持续可靠地为投资者带来超额投资回报的能力。这是高观投资框架的最终成果。

▶ 一、高观投资理念

在此前的第二部分中，我们介绍了高观投资理念及其四大核心组成部分：

（1）卓越的业务模式。
（2）诚信管理。
（3）廉价估值。
（4）长期投资周期。

我们讲述了高观投资的专业领导层如何在一支才华横溢、积极进取的研究分析师团队的支持下，挑选出符合我们投资理念要求的股票。

我们解释了如何通过对投资组合中的所有企业、经过调查的各个公司以及相关行业企业进行详细的财务分析，来获得客观、真实的信息。

我们也介绍了高观金字塔。位于金字塔顶端的是实力雄厚、盈利能力强的企业，而在金字塔底部的则是数量众多的低质量公司。

高观投资团队对投资理念的成功执行将推动投资组合向金字

塔顶端移动。

我们还展示了投资理念驱动投资组合攀登到金字塔顶端并维持在那里,以期该投资组合能够在 3 年、5 年和 10 年的时间维度上实现优于大盘的时间加权收益率。

这里有两点需要注意。

第一,不要高价买入证券。支付过高的价格无异于将投资组合拖向金字塔的底部,并削弱其跑赢大盘的能力。第二,随着基金规模的增长,投资组合将越来越多地与整个市场重叠,这使通过选股获得与大盘不相关的收益变得更加困难。

在投资领域,没有太多的保证可言,而我们自豪于高观投资持续优于大盘的能力。近 30 年来,高观投资的时间加权收益率达 14.3%,每年高出大盘 6.5 个百分点,对高观投资理念的贯彻始终如一是实现以上数字唯一合乎逻辑的可信解释。

表 6-1 展示了时间加权收益率优于大盘的表现。

表 6-1 高观投资时间加权收益率优于大盘

更新截至 2021 年 5 月 31 日	时间加权收益率 (%)	大盘 (%)	时间加权收益率优于 大盘的差额(%)*
5 年	17.1	15.4	1.5
10 年	12.7	6.9	5.5
20 年	17.2	10.2	6.4
自成立以来(30 年)	14.3	7.3	6.5

注:* 按几何复利计算。

▶ 二、高观商业操作

正如我们在第 5 章"高观商业操作"中所述的,高观投资始于一个非常简单的目标,即为高观投资者带来基于投资理念的超额回报。资本加权收益率是衡量成功与否的标准。为投资者创造收益的核心目标促使我们采取了许多与投资管理行业截然不同的政策,尤其是在管理资产规模的增长方面。

高观投资的收益交付有赖于诸多商业操作,而重中之重便是法定认购上限。认购上限让高观投资能够在 5 年、10 年、20 年和 30 年的时间维度上为高观投资者带来达到或超过时间加权收益率的资本加权收益率。

我们说过,所有实施包括认购上限在内的商业操作的基金经理几乎都能够向其投资者保证,其基金的资本加权收益率在各个时期都将接近或超过时间加权收益率。当我们说高观投资几乎能保证将纸面上的超额收益切实交付于投资者时,并非信口开河。高观投资的资本加权收益率在近 30 年来始终保持着接近或优于时间加权收益率的水准,除了将其归功于贯彻执行高观投资的商业操作,我想不到其他符合事实逻辑的解释。

表 6-2 显示了资本加权收益率优于时间加权收益率的表现。

表 6-2 高观投资资本加权收益率优于时间加权收益率

更新截至 2021 年 5 月 31 日	资本加权收益率(%)	时间加权收益率(%)	资本加权收益率高于时间加权收益率的差额(%)*
5 年	18.4	17.1	1.1
10 年	13.3	12.7	0.5
20 年	16.7	17.2	−0.5
自成立以来(30 年)	14.2	14.3	−0.1

注:* 按几何复利计算。

▶ 三、高观投资安全边际

当有投资机构自信满满地表示，它们有能力创造出优于大盘的超额收益，并能将其交付于投资者时，我的第一反应就是，它们一定在骗人。我的第二个想法是：那我们该如何解释表 6-3 中的数字呢？

这些数字显示了资本加权收益率优于大盘的表现。

表 6-3　高观投资资本加权收益率优于大盘

更新截至 2021 年 5 月 31 日	资本加权收益率 （％）	大盘 （％）	资本加权收益率优于 大盘的差额（％）*
5 年	18.4	15.4	2.6
10 年	13.3	6.9	5.9
20 年	16.7	10.2	5.9
自成立以来（30 年）	14.2	7.3	6.4

注：* 按几何复利计算。

高观投资几乎能确保投资者实现超额收益，而这正是在于投资理念与商业操作的相辅相成，构成了高观投资的安全边际。

在投资团队讨论高观投资安全边际时，冯良怡和梁鸿标认为，这个概念可以用方程式来体现。于是，我们投资团队中的数学家林鋆浩便尝试将这一提议付诸实践。在下一章中，许多读者可能会觉得林鋆浩的方程式复杂难懂，但其中的美感和说服力不言而喻。

· 第 7 章 ·

方程式：
高观投资的成功要素之一

没有什么数学符号和数学关系是不能用语言表达的。
反之则不然。许多语言表达无法用方程式表示，
因为那些表达是无稽之谈。

——克利福德·特鲁斯德尔（Clifford Truesdell），
美国数学家、自然哲学家及科学史学家

前文讲过，投资是一个复杂但有条不紊的过程。经验告诉我们，化繁为简才能达到最佳效果。基于此，高观方程式应运而生。方程式的关键之处在于，它将简洁明了的表达与数学的高度精确完美结合。

对大多数读者来说，接下来的几页内容起初也许会难以理解。然而，我希望您阅读公式下面的文字，这些文字为您简明地解释了方程式并可以帮助您更好地理解"高观模型"。

▶ 杜邦方程式：净资产收益率

1912年，杜邦公司的炸药销售员唐纳森·布朗（Donaldson Brown）发明了杜邦模型。自20世纪20年代以来，杜邦模型一直被广泛应用，在对全球金融体系的影响上，无一能出其右，在成就上更是没有什么能与之相媲美。

$$净资产收益率 = \frac{净收入}{销售额} \times \frac{销售额}{总资产} \times \frac{总资产}{平均股东权益}$$

▶ 估值方程式

高观投资一直把包括杜邦模型在内的方程式视为对公司进行财务分析的重要工具,有助于我们衡量资本密集度、议价能力、营运资本效率、再投资资本收益率等因素。

我们也将方程式作为估值过程去情绪化的一种手段,并确保以一个基准来判断股票在特定时间内及随时间变化的相对吸引力。

下面是高观投资最常用的两个估值方程式,我们从一些投资著作中将其挖掘出来,虽然诞生于不同时代,但均能帮助投资者深入了解某一范围内及投资组合中股票的相对估值。

本杰明·格雷厄姆方程式:市净率 × 市盈率 < 22.5

约翰·聂夫方程式:$\frac{每股收益增长率 + 股息率}{市盈率}$

▶ 高观方程式

1983 年,我就职于投资咨询公司 J. Bush & Co.,我将当时关注的一只股票——佩普男孩与其他专业零售商进行相对吸引力比较,由此创建了最初版本的高观方程式。该方程式巧妙地将选股的核心要素结合起来,即盈利能力、增长和估值。几十年来,它为我们权衡是否将潜在投资标的加入投资组合提供了衡量方式。

最初版本的高观方程式如下:

$$市盈率 < \frac{净资产收益率+每股收益增长率}{4}$$

在过去的几十年里,随着利率的下降和财务分析的日趋完善,即使方程式的作用只是比较不同股票的相对价值,但也逃不开过时的命运。本杰明·格雷厄姆在其著作《聪明的投资者》每一次再版时,都会更新其中的方程式,我们以他为榜样,也对高观方程式进行了更新。

因此,丹·鲁普、陈柏林和我开始讨论如何改进有将近40年历史的原始版本。我们的目标是将选股的三大关键要素——盈利能力、增长和估值——结合起来,但要以更实用的方式来适应当今的低利率环境。我们在此首次提出修订后的高观方程式:

$$\frac{标准化每股收益增长率+经营收益率}{市盈率} = 价值分数$$

▶ 高观投资安全边际方程式

我们开发出了三个方程式来描述以下三者之间的逻辑互动:投资理念、商业操作以及二者融合之后形成的高观投资安全边际。

三个方程式的组合是安全边际的首个数学描述。就简单优美和逻辑性而言,这三者堪称最佳。

高观投资理念方程式

$$f(IP) \supseteq f(TofP \mid V, S) = \{p \in P : R_{p,t} > R_t \forall t \in \{3,5,10\}\}$$

该方程式可以被解读为一个流程中的各步骤:投资之路始于

稳健的投资理念（IP），在富有创意和才华的投资团队的支持下，投资组合不断攀升至高观金字塔顶端（TofP）。在密切关注估值（V）和规模（S）的前提下，金字塔顶端的投资组合（$R_{p,t}$）在3年、5年和10年间实现优于金字塔整体（R_t）的超额收益。

（1）*IP* 高观投资理念
（2）*TofP* 高观金字塔顶端，将投资组合集中于金字塔顶端的公司，但始终留意以下要素：
  - V 估值：不要高价买入股票
  - S 基金规模：过高的管理资产规模会使收益与市场大盘过度相关
（3）$R_{p,t}$ 投资组合 *p* 在一段时间 *t* 内的时间加权收益率
（4）R_t 一段时间 *t* 内的大盘平均收益率

高观商业操作方程式

$$f(BP) \supseteq f(ConS) = \{p \in P : R_{p,t}^{CW} \geq R_{p,t}, \forall t \in \{3,5,10\}\}$$

然后，高观投资把为投资者交付收益的目标根植于商业操作（BP）中，这促使我们实施了法定认购上限（ConS）。上限反过来又几乎保障了高观投资者的资本加权收益率（$R_{p,t}^{CW}$）在3年、5年和10年间接近或超过投资理念方程式（$R_{p,t}$）所创造的超额收益（资本加权收益率 ≥ 时间加权收益率）。

（1）*BP* 高观商业操作

（2）$ConS$　高观投资认购上限

（3）$R_{p,t}^{CW}$　投资组合 p 在一段时间 t 内的资本加权收益率

高观投资安全边际

高观投资理念和商业操作的结合衍生出高观投资安全边际：即实现优于大盘的超额收益，并保障在 3 年、5 年和 10 年间向投资者交付这种超额收益的能力。投资者的安全边际详述如下：

$$\text{投资理念：} f(IP) \supseteq f(TofP|V,S) = \{p \in P : R_{p,t} > R_t \,\forall t \in \{3,5,10\}\}$$
$$+$$
$$\text{商业操作：} f(BP) \supseteq f(ConS) = \{p \in P : R_{p,t}^{CW} \geq R_{p,t} \,\forall t \in \{3,5,10\}\}$$
$$=$$
$$\text{安全边际：} f(IP) \cap f(BP) \supseteq f(TofP|V,S) \cap f(ConS) =$$
$$\{p \in P : R_{p,t}^{CW} \geq R_{p,t} > R_t \,\forall t \in \{3,5,10\}\}$$

理解这些方程式并不难。要想从中获益，就必须采取清晰明了的投资理念和与之协调一致的商业操作。两者有机结合，抑制贪念，兢兢业业，充分发挥技术和个人技能，坚持到底，那么……你便走上了超额收益之路。

＊　＊　＊

我们也可以从高观投资安全边际方程式的角度来看待企业。一家公司卓越的业务模式能创造价值，而这种价值必须通过有效的公司治理和资本管理传递给股东。如果商业操作中存在盲点，无法向投资者交付成果，那么仅靠卓越的业务模式并不能成就卓越的投资。高观投资如何利用现代金融技术，帮助公司克服这些盲点，我们将在下一章进行详细介绍。

· 第 8 章 ·

现代金融技术

让我恼火的是我知道自己是对的,却错了。

——莫里哀

▶ 从对抗到对话:亚洲的公司治理

之前的章节讲述了高观投资如何遵照投资理念,投资于卓越的业务模式,从而创造出优于大盘的超额收益,以及如何通过商业操作将超额收益交付到投资者手中。

出色业绩和交付体系相辅相成,二者缺一不可。

有时,拥有卓越业务模式的杰出公司存在一个盲点,便抑制了其为股东创造价值的能力。而这一盲点往往总是与公司治理和资本管理的失误有关。

在一些情况下,如果高观投资认为投入的时间和精力与相应的潜在回报相匹配,那么我们会向公司提供建议,以纠正这些失误。我们将这一主动出击的独特行动方式称为"现代金融技术",它源自多年来的惨痛经验教训。下面要讲述的几个故事在发生时,我们尚未发觉现代金融技术在亚洲的巨大潜力。

▶ 公司治理的简明定义

所以究竟什么是公司治理？这是一个好问题。

上网查一下的话，解释如下：公司治理包括各种行政机制、流程、程序和利益相关者关系，公司基于此来进行管理和运营。嗯，跟没说一样。

亚洲的高管们需要花些时间才能理解公司治理和资本管理的真正含义与好处，而我们也需要学习如何表达观点。

▶ 遭洗劫的公寓

20 世纪 80 年代中期，在创办高观投资的几年前，我在香港第一太平特别资产担任投资分析师。我们投资了一家名为 A 地产的香港上市公司。A 地产通过其持有 51% 股份的子公司，拥有尖沙咀 K 酒店。这家位于繁华的弥敦道黄金地段的知名商旅酒店堪称绝佳资产。我们买入 A 地产股份的价格大大低于酒店的真实价值和弥敦道地皮的价值。就是这么简单。

直到一位举报人提醒我们注意公司运营中的违规行为，其中包括 K 酒店的翻新工程。可以说，这些严重的指控无疑伤害了少数股东的利益，而且如果属实，或许已接近犯罪。我们向 A 地产董事会提出了这些指控，但他们唯一的反应就是挥挥手粗暴地把我们打发走，根本不想坐下来谈。我们表示更愿意私下解决这些问题，但如果他们坚持这种态度，我们将召开临时股东大会把一切公开。他们说，来吧，他们不在乎。于是，临时股东大会提上日程。

Z氏家族持有A地产50.01%的股份，因此拥有绝对控制权，无须对股东负责。他们不会被少数股东投票赶出董事会，股东也不能直接影响公司的任何行为。临时股东大会很可能只是走一个让公众发泄不满、质疑和投诉的过场。

随后，一个警告出现了。在临时股东大会的前一晚，我和妻子回到家，发现我们的公寓被翻得乱七八糟。什么也没丢失，就是被乱翻了一通……

经验教训

- 50.01%的股份给了所有者不用负责任的权利。
- 亚洲某些公司可能遵循的是另一套规则。
- 需要给公寓换个更结实的锁。

罪有应得

A地产1991—2021年的复合年均增长率为3.3%，鉴于其资产位于弥敦道的黄金地段，这一回报率微不足道。

▶ 对峙时代

在20世纪90年代，高观投资为投资者争取权利的举措经常遭到抵制、拒绝、忽视、驳回或嘲笑，因为……就是可以这么做。当时，许多亚洲国家尚未制定适当的法律法规来处理公司行为和少数股东权益问题，企业也还没有与少数股东对话的文化。

随着亚洲在国际上的地位不断提高，越来越多的投资资本进入公共金融市场，但公司治理法律却没有跟上。

我在1995年写道：

> 高观投资有限公司长期以来一直认为，制定一套实用的标准化规则和条例，涵盖公司治理和证券法各领域，对于亚洲的经济发展至关重要。而遗憾的是，这些规则、准则、法律和程序往往是临时的、受当时政治影响的解决方案，而非真正的结构性改革。机构投资者普遍漠不关心，不愿带头维护股东权益。此外，许多公司管理者为了增加个人财富，不惜忽视对少数股东的受托责任。

少数股东处于边缘地位。直言不讳的股东被视为讨人嫌的激进分子，管理层往往对他们的意见和目标不胜其烦。

▶ 江山易改，本性难移

当公司不公平地对待我们这些少数股东时，维护投资者的权益就是我们的受托责任，因此我们每次都会采取行动，不会被吓倒。这是事关财务公平和原则的问题。

我在1995年曾写下这样一段经历（隐去实名）：

> 目前，高观投资有限公司正致力于领导一批少数股东采取必要的措施，以确保我们持有的FT实业（集团）有限公司以公平合理的价格和公正的方式实现拟议中的私有化。

我的目标是以积极的方式私下解决这一事件。但我要向投资者保证，我不会大力支持以本年现金流三倍的价格将投资组合中的公司私有化。在这一估值下，我们想要成为买家而绝非卖家。

高观投资有限公司强烈反对以超低估价收购 FT 实业少数股东股份的提议。近几个月来，我花了大量时间说服董事和其他有关各方，以平等惠及所有股东的方式进行重组。在此我高兴地向大家报告，我们成功说服董事，促使他们提出了一项与我们的目标相符的交易提案。作为我与公司达成的协议的一部分，我要求并得到了董事会的三项承诺。结果如下：

- 董事会宣布，公司将以管理层和所有投资者合伙经营的方式运行。
- 董事会承诺，未来将致力于提高公司的每股价值。
- 董事会承诺，将提高公司信息披露的质量并完善未来前景规划，以增强外部投资者的信心。

我认为，董事会对少数股东的以上承诺在香港并不多见，随着时间的推移，FT 实业的市盈率目前已大幅提高至 1996 年 8 月预估盈利的 4.3 倍。

组织各方支持我们的立场，反对最初的收购方案，并努力推动公平交易，这一过程既耗时，又艰难。我们站在道德制高点上对交易提出异议，占尽了优势。我们得到了香港几家大型基金管理公司的积极支持，并利用香港有限的证券法来巩固立场。没人喜欢成天处理这样的工作，但只要有需要，我必将竭力保护我们的投资。

口惠而实不至

最终，FT实业的董事们违背了对高观投资的承诺，这让我们怒不可遏、求助无门，并开始担心亚洲的公司治理前路漫漫。在经过惨淡的6年持仓期后，我们将其卖出，内部收益率为–1.1%。

那FT实业呢？其2021年的股价还不及1995年的水平。

经验教训

- 口说为虚，行动为实。
- 公开撕破脸对高观投资不利，因为管理层为了不丢面子，几乎什么事都做得出来。
- 不是不报，时候未到。

▶ 韩国的拉锯战

韩国的经济围绕财阀制度发展而来，在这种制度下，大型家族企业享有垄断特权，并由政府提供融资补贴。这些财阀（包括在韩国所谓的国际货币基金组织危机期间濒临破产的大宇、双龙、韩华、韩进、大林……）成了工业发展的引擎。

在亚洲金融危机之后的几年里，财阀制度已经失去了其存在的意义，但特权心理依然存在，韩国的公司治理从未真正取得进

展。正如下面的报告所述,我们越来越担心,在这个瞬息万变的世界中,韩国只在原地踏步:

> 我们在韩国的投资仍然举步维艰,困难的根源就像坏掉的唱片机一样不断重复。我不想这么说,但我认为韩国的企业领导越来越像日本,而不像亚洲其他国家。我们在韩国的上市公司中发现了可见的、可量化的价值,但却完全看不到任何能让少数股东受惠于这些价值的承诺。由于在公司治理上的故步自封和无力改革,大多数韩国价值股都是价值陷阱。
>
> 我们在韩国的困境在于,企业部门几乎没有成功案例,也几乎没有可靠的公司治理领导力,尤其是在龙头企业中。韩国经理人喜欢告诉外国投资者,新成立的控股公司是改革的标志,然而我的经验告诉我,控股公司只是一种金字塔结构,允许公司继续拥有控制权而不承担责任。如果企业领导人的态度没有重大转变,我怀疑韩国的价值型股票仍将是价值陷阱。我们将继续在韩国寻找投资机会,但我预计投资将保持在较低水平。

下面这个故事就是一个典型案例。

泰光产业

高观投资最初于1992年买入泰光产业的股份,该公司在当时是韩国最大的合成纤维生产商之一。这一行业龙头企业不断发展壮大,并在1993年成为我们在韩国最强势的投资,也是我们投资组合中的第二大持仓。

泰光由亚洲纺织业巨头之一的李壬龙创立,这位传奇人物有着与众不同的企业管理方式,在崇尚墨守成规的文化中,他无疑是一个异类。

那是1994年的一天,我在韩国蔚山参观泰光大力投资的全新生产设施。在参观办公室时,我注意到门口停着一辆奔驰车。要知道,在当时的韩国,不买韩国车几乎就是犯罪,所以这辆车引起了我的注意。这是李壬龙的车。他想开什么车就开什么车,没有人能对他指手画脚。这也是他的公司没有债务的原因之一,他有着成功人士应有的自信和独立。

正如不喜欢负债一样,李壬龙也不喜欢纳税。他是我在亚洲见过的最精于折旧的高管。他尽力避税,用节省下来的现金避免债务,乐此不疲。我需要做大量功课来了解复杂的财务账目,包括只有韩语版本的审计财务报表。我深知李壬龙是一个优秀的管理者,泰光是一家优秀的公司,而且对高观投资而言,其股票表现也非常出色。

后来,李壬龙去世,泰光的控制权传给了他的儿子李豪镇。但不幸的是,刚一接手首席执行官的位置,李豪镇就立刻要应对1997年亚洲金融危机的挑战。严重的经济衰退重创泰光,其股票也像韩国所有股票一样遭受暴击。

尽管如此,我们仍然相信李壬龙先生创建的公司,并希望经济的复苏能帮助他的儿子走向成功。

1997—2000年,在亚洲金融危机期间和之后,我们多次与李豪镇及其管理团队讨论公司治理和资本管理问题,呼吁提高财务报表的透明度,并支付股息。如果不采取这些措施,股价将继续萎靡不振。李豪镇和他身边那些唯唯诺诺的人总是点点头，表示感谢之后就把我们打发走。

到了2000年，管理层仍然没有采取任何具体行动，股价也没有任何上升，我们对泰光的耐心逐渐消磨殆尽。是卖掉股份，还是迫使公司采取负责任的行动，改变僵化的政策，以提高股价？泰光替我们做出了决定：李豪镇是他父亲公司的继承人，但没有继承到他父亲的能力和品格，他越过了红线，公然进行了不公平的关联方交易。我们采取了行动。

节选自高观投资2000年12月的报告：

> 最近，我们在韩国聘请了一名股东权益律师，以更有力的方式向泰光的董事会传达我们的观点，这是我们维护高观投资者受托人利益的最新行动，但绝不是唯一行动。
>
> 这一正式步骤的起因是泰光从控股股东家族拥有的一家人寿保险公司那里收购了一栋商业大楼，这是明目张胆地从泰光转移财富，以弥补家族在保险业务上的损失。这次收购距两名泰光高管团队成员在首尔会议上向我和我的律师保证不会进行此类交易，仅过去不到两周的时间。
>
> 确切来说，我们要求董事会采取一些具体行动：
>
> - 撤销对商业大楼的收购。
> - 启动支付大量现金股息的政策。
> - 实施一系列股份分割，以促进更活跃的股票交易。
> - 建立一个能得到董事会全力支持的投资者关系部。
> - 任命更多真正独立的董事。

泰光实施这些措施的现金成本很低，但我们的要求却具有巨大的象征意义，尤其是在这样一个现金股息鲜见、管理权在法律中根深蒂固的国家。

我们对这些要求最终能否成功落地心知肚明。阻碍我们前进的是难以接受改革的文化，以及政治领导层对于过快改革可能会导致大量企业破产的担忧。

2001年，我们向股东提议，把我在韩国的律师选为"外部审计师"，其职能与外部董事非常相似，可以让股东对公司事务问责。一个漏洞成为这项提议施行的关键，即根据韩国法律，控股股东李氏家族不能投票。这是一次真正的少数股东投票，我们只需得到51%少数股东的票数支持。就在投票前几天，泰光感觉到了股东的反抗，意识到他们很可能会输。然后，不知是巧合还是无能，韩国最大的国际管理基金投了反对我们的决定性一票。这让我们尤其恼火。而讽刺的是，这家韩国基金受到韩国公司治理弊端的伤害几乎比其他任何外国投资者都多。这对高观投资、全体少数股东，乃至韩国而言，都是不应有的损失。

一周后，我在香港中环都爹利街的办公室里接到高观投资驻韩国律师的电话，他告诉我，韩国一位政府官员对我们不守规矩的建议很不满，并让他转告我，不欢迎罗兰士先生再来韩国。我让律师也转告这位官员，高观投资作为投资者，也没兴趣再去韩国了！

经验教训

- 韩国比亚洲任何国家都更排斥外国投资者。

- 不要指望其他少数股东的行为合乎逻辑或符合我们的利益。
- 我们无法改造那些不懂公司治理和资本管理的高管。
- 不要在韩国竞选公职。

正义必胜

大约10年前,高观投资的客户比尔·杜克(Bill Duke)在首尔会见了与其捕兽夹业务相关的商业伙伴。他向我发送了一篇报纸文章的传真,上面讲述了李豪镇如何因泰光欺诈而被定罪,并向法庭求情。令人发指的是,泰光诈骗计划最终也令其母亲被定罪!现在,当我在2021年写下这些文字时,李豪镇又因公司犯罪而不停地上诉,试图避免第三次入狱。真是罪有应得。

我们卖出了泰光的股票,内部收益率为−15.6%。如今,正如许多人所预料的那样,泰光的股价已接近几十年来的最低点。

要么改革,要么落后

在泰光事件之后,我对亚洲的公司治理有了以下看法。

在高观投资,我花了大量时间鼓励、劝说、威胁甚至纠缠我们所持有公司的管理层,以提高其对少数股东的关注度。我在这方面的经验颇多,在过去16年里,一直深入参与保护少数股东权益的工作。我希望能够在错误发生之前就有所预见,并就所面临的商业问题,提出公平合理的备选解决方案。虽然我经常被视为一个难缠的角色,甚至是一股破坏性力量,但我相信,随着时间的推移,高观投资诚实且一以贯之的建议将越发受到重视。于我们而言，一目了然的成功并不常见，而我们早已经练就了厚脸皮和比特犬式的倔强，并有着永不言弃的业绩记录。

值得庆幸的是，当我放眼整个亚洲，改革的方向和其必然成功的大势已不再是一个疑问。比如，泰国前总理他信·西那瓦出于种种原因被判刑，这类事件不可能发生在 15 年前，甚至在 7 年前都不可能。它们是全新的开放性和问责制的体现，是多年来稳步进行，但往往不为人所注意的改革的结果。是的，虽然任重而道远，但改革的方向已经明朗。

▶ 现代金融技术

随着亚洲经济的发展，公司治理被越来越多的政府机构和企业视为在亚洲竞争中取得成功的必要条件。

节选自高观投资 2000 年 12 月的报告：

> 作为投资者而言，公司治理和资本管理的好处是直接且立竿见影的。我们相信，高观投资组合中的每一家公司都可以通过改善商业操作来提高收益。同时，我们也认同，加强对少数股东的保护是在亚洲重建投资者信心的关键要素。

令人感到欣慰的是，人们的态度已经开始发生变化。1997 年亚洲金融危机使财富大规模缩水，只有最强大的企业才能生存下来。企业需要改革才能成功，因此，我们的建议开始受到重视。

名字代表了什么？

要清楚地解释公司治理，我们需要一种语言。如果把我们的建议称为"公司治理"或"激进主义"，那么有可能从一开始就无法得到高管的信任。因此，我们将其称为"现代金融技术"。这个名字很好听，也非常"高观"。

"现代"——所有高管都希望掌握最新信息；"金融"——对各家公司都至关重要，每位高管都想要了解更多金融资讯；"技术"——高管们清楚，从任何意义上讲，他们都需要拥抱当今不断进步的科技所带来的好处。

合而为一，"现代金融技术"这一完美表达让我们与众多高管携手解决盲点问题。

现代金融技术的正式定义如下：

> 从长期股东的角度，就资本管理和公司治理问题，向所有者和首席执行官提供无冲突的私人建议，以提升企业的长期价值。我们助力塑造更优秀的上市公司。

通过"现代金融技术"品牌，高管们开始了解我们的方法，在过去 20 年里，现代金融技术对于高观投资和我们所持有公司的成功而言功不可没。

致茂电子和 CP All（正大集团旗下便利店运营商）两家公司的现代金融技术经历表明，截至 21 世纪初，我们的世界已经发生了巨变。

▶ 致茂电子：从抗拒到接受

20世纪90年代中期，高观投资曾短暂持有致茂电子的股份，这是一家生产高附加值测试和测量设备的中国台湾公司。我们被该公司的技术和管理所吸引，但却因管理层不愿剥离非核心业务而感到失望。这损害了其核心业务的可观收益和支付现金股息的意愿。我们与致茂电子的高管讨论了这些想法，但他们犹豫不决，也没有准备采取行动。因此，我们亏本卖出了仓位。

尽管做出了这样的决定，但我们一直非常钦佩致茂电子联合创始人兼执行董事张明雄的能力、职业道德和满腔热忱，在随后的几年里，我们一直与他保持着联系。几年后的2004年，我在香港办公室欣喜地接到了张明雄的电话。他说："罗兰士，过去你一直在讲现代金融技术，现在我们开始理解你说的这些话了。下次来台湾的时候，如果你能顺便过来聊聊，让我们了解一下现代金融技术，我们将不胜感激。"不到一周之后，我就坐上了飞往台北的飞机。

我在2005年3月的报告中讲述了故事的后续：

> 通话之后不久，在股价接近历史最低点时，我与张明雄会面，讨论我们对现代金融技术的看法。没用多久，我就感觉到致茂电子在我们几年前争论过的许多具体问题上的态度发生了明显变化。张明雄谈到，管理层承诺出售非核心业务，减少给员工的免费股份数量，同时回购股份，支付现金股息，停止投资未上市高科技公司的少数股权，并将净资产收益率提高到20%以上。

同样值得关注的是，张明雄对已经开发了几年的新产品抱持乐观态度。我很快意识到，这些新产品有可能让致茂电子的测试和测量业务全面升级。高观投资还发现，致茂电子全新的办公大楼和研究中心的建设已接近尾声，几乎看不到其他资本开支需求。在和张明雄会面不久之后，高观投资就开始囤积致茂电子的股票。

在过去的 6 年里，那些全面掌握公司治理和卓越业务模式的公司为我们带来了可观收益。就致茂电子而言，我从未怀疑其作为一家以技术为基础的优秀企业的实力。

张明雄以及另一位联合创始人黄钦明真正理解了现代金融技术，公司市盈率获得了重估。在那之后的很短时间内，该公司的股价较我们的平均成本上涨了近 30%。

沉不住气的代价

我们在 6.1 年后卖出致茂电子，收获了 31.5% 的内部收益率。如今，其股价已接近数十年来的高点。我们的失误在于对短期估值过高做出了反应，忽略了"老辣"高管的价值。

经验教训

- 卓越的业务模式不容小觑。
- 与高管的关系日积月累而成，并为我们打开了通往现代金融技术的大门。
- 在出售深谙现代金融技术的公司之前三思而后行。

▶ CP All 的双赢

高瓴投资一直对便利店行业很感兴趣。这个行业具备一些我们所看重的特质：持续增长、利润稳定、负营运资本、高运营资产收益率、高自由现金流。然而，也正是出于以上原因，这些企业的价格对高瓴投资而言往往过高，但我们一直都在密切关注。

2004年，一家名为CP All的泰国公司引起了我们的兴趣，该公司拥有便利店7-11的连锁经营权，控制着略高于50%的市场份额，每天为400多万泰国顾客提供服务。如果说泰国经济设有"收费站"的话，那就是CP All。

危险信号

不过，CP All的业务中也有值得警惕的一面：该公司持有中国华东地区第三大大型超市运营商易初莲花29.7%的股份。我们本以为在有利可图的便利店行业中，易初莲花会是一个巨大的黑洞，但令人颇感意外的是，易初莲花暂时实现了盈利。

大多数投资者对易初莲花的业务望而却步，导致CP All的股价处于在我们看来被低估的水平，因此高瓴投资得以用极具吸引力的价格买入了CP All的股份。

在与CP All的管理层共事之后，我们表达了自己的观点：如果易初莲花的股份能被分拆出去，投资者就会以更高的股价接受CP All，从而反映出核心业务的真正价值。管理层犹豫不决，但在2005年，当易初莲花的业务停止盈利时，我们的建议被采纳了。

现代金融技术：高观投资在 CP All 重组中的作用

2007 年，经过 18 个月的讨论和努力，易初莲花剥离完成，正如高观投资 2007 年 6 月的报告所述：

> 每隔几年，高观投资就会取得一次成功，让一切为生存下去而经受的加班、头痛和选股挑战都变得值得。我们在第二季度便经历了这样的一次成功。
>
> 5 月 18 日，CP All 宣布了一项重大重组计划，将把其在中国处于亏损状态的易初莲花业务从泰国的 7–11 便利店业务中剥离。在过去的 18 个月里，我们一直在与正大集团（CP All 母公司）的董事和高层讨论，希望他们能够支持这一方案。
>
> 如今，许多投资经理都可以，也将会声称，他们预见到了易初莲花与 CP All 剥离的必要性，然而高观投资在这方面的参与尤为深入。我们进行了广泛的研究，制定了一个循序渐进的流程，协助正大集团完成跨国交易，其中包括与正大集团的高管和所有者建立信任，集团董事长谢国民（Dhanin Chearavanont）也投入了大量的时间和精力来充分理解高观投资对 CP All 的愿景。
>
> 高观投资进行了多次路演，以确保管理层始终专注于最终的长期目标。在过去的 12 个月里，我们眼看着中国的大卖场业务失去盈利能力，这需要我们抱持坚定的信念，同时也需要耐心，给各方时间，让一切准备就绪。如果没有高观投资，重组还会发生吗？有可能。如果没有高观投资，重组会以包括少数股东在内的各方共赢的方式完成吗？可能不会。

重组的两大积极影响已经显现。第一，CP All 的股价在上一季度上涨了 61%，从 6 月到目前为止又上涨了 22%，为我们带来了一些可喜的收益。第二，更重要的是，我们的最终目标已经实现。CP All 模式成为亚洲企业为数不多的卓越的业务模式之一，这正是高观投资希望在未来 3~7 年内所持有的。

经验教训

- 坚持正确的建议，并以个人化的方式提出建议。
- 首先推动公司的初步改革，在高观投资所提建议逐渐见到成效后，再由出色的高管推动其公司完成剩下的调整。
- 卓越的业务模式永远值得为之奋斗。

天作之合

在投资界，能让投资者终身获得高收益的机会少之又少。而我们从 2004—2013 年对 CP All 的投资却恰恰如此，这家企业正是我们努力发掘的对象。我们买对了，并帮助大股东和管理层有目的性地重组企业，并在合适的时机以合适的价格售出。

在此过程中，CP All、谢国民及其家人、CP All 的高管和一众员工都赢得了高观投资的信任。

所得收益在今天看来依然出色。我们投资 3 800 万美元，获利 3.33 亿美元，在 8.4 年的持有期内，高观投资的内部收益率高达 48.5%。这是人人乐见的天作之合。

▶ 哪里做对了？

我们与致茂电子和 CP All 的愉快经历证明了高观投资的现代金融技术显而易见的优势。现代金融技术的每次成功施行，都为其他公司树立了榜样。

节选自高观投资 2005 年 9 月的报告：

在过去几个月里发生的一些事让我意识到亚洲正在发生变化，这预示着高观投资者将迎来好日子。下面我将就上市公司突然开始接受现代金融技术建议的原因，分享以下观点：

- 正确的公司治理所带来的回报从未像现在这样高过，各企业也认识到了这一点。1997 年以前，我经常说："良好的公司治理和一美元可以换来一杯咖啡。"然而，1997—1998 年的经济危机改变了这一切，良好治理的回报是显而易见且巨大的。
- 首席执行官们越发认识到了高观投资无冲突建议的力量和价值。在亚洲，正确的建议是一种稀缺品，首席执行官们终于意识到了这一点。高观投资先观察后建议、先倾听后发言、私下保密交谈的政策正得到越来越多的认可。
- 多位首席执行官告诉我们，他们从没有从金融界其他任何人那里听到过与高观投资类似的建议。
- 我一直希望，当首席执行官们想到少数股东时，高观投资能第一个出现在他们的脑海里。而高观投资从未像现在这样接近这个难以实现的目标。毫无疑问，达到这一地位将有助于我们与公司管理者就重要问题保持开诚布公的讨论。

我们的未来发展

一直以来，我都希望投资这样的公司：其管理层除了一句礼貌而真诚的"谢谢"之外，几乎不需要任何建议。但这个世界并不是那么理想化。权威价值投资者沃尔特·施洛斯（Walter Schloss）及其知名弟子本杰明·格雷厄姆曾说道："在你持有一只股票之前，你根本不了解它。"真是有先见之明。我们的持仓向来如此。而现在高观投资越来越有能力对结果产生积极影响。

但同时，高观投资也必须遵守一些规则：

- 必须在提供现代金融技术建议之前，就与公司建立信任关系。这需要时间。
- 必须向公司高管保证讨论的私密性和保密性。
- 与公司会面后，至少要等一年才能提出现代金融技术建议。管理层必须明白，高观投资不是追求短期利益的短期投资者。
- 必须在对所有问题进行适当、全面的考虑后，才与管理层接触。
- 必须让管理层清楚，现代金融技术建议没有利益冲突，而中层管理人员、家庭成员、经纪商，尤其是投资银行家的建议则不一定如此。
- 必须一对一、面对面地交流。两个人的沟通就能取得成功，十个人的七嘴八舌是白费工夫。
- 现代金融技术建议完全出自高观投资，而不依赖于外人或其他少数股东。

▶ 助优秀企业更上一层楼

高观投资的现代金融技术已经走过了漫长的道路——从早期被洗劫的公寓到成功地影响了亚洲一些顶尖公司的变革。

现代金融技术不断完善并逐渐被接受的故事反映了过去30多年亚洲的经济发展。高观投资有幸参与其中，并很高兴能够为优秀公司的进一步发展添砖加瓦。

高观投资在中国
（1985—2021年）

PART THREE

第三部分

OVERLOOK IN CHINA FROM 1985 TO 2021

不争论，是为了争取时间干。

——邓小平[①]

过去40年来，亚洲的故事一直由中国主导，中国的故事就是整个亚洲的故事。

我并不想把《铸就》写成又一本中国题材的书，我想讲述的是在一个经历了历史性巨变的地区进行投资的故事。我们在中国的经历反映了高观投资方法论是如何在亚洲过去30年的发展和成熟中取得成功的。

以下章节记录了高观投资在中国三个不同时期的经历：

（1）逐梦伊始：1985—2000年
（2）沙里淘金：2000—2013年
（3）寻宝归来：2013—2021年

[①] 引自《邓小平文选》（第三卷）。

高观投资在中国的经历有挫折、有欢欣、有烦恼、有振奋，但归根结底可以算得上是精彩绝伦且收获良多。

我要从 1985 年说起。当时，我作为一名年轻的分析师刚刚来到香港，亚洲股票市场在我看来有时就如同无法无天的狂野西部一般。就在距离我香港办公室几英里①之外的广东省，改革开放政策正悄然激起变革。起初，许多人几乎没有注意到这一点，而这正为即将发生的一切埋下伏笔。

---

① 1 英里 ≈ 1.6 千米。——编者注

· 第 9 章 ·

逐梦伊始：
1985—2000 年

改革是中国的第二次革命。这是一件很重要的必须做的事，尽管是有风险的事。

——邓小平，《邓小平文选》（第三卷）

▶ 白手起家

1985年初,我刚到香港几个月,就在开达集团的工厂里会见了其首席执行官丁鹤寿。该工厂位于香港岛南岸的香港仔,是一座老旧的工业厂房。

丁鹤寿的父亲是开达集团的创始人。到20世纪80年代中期,在丁鹤寿的领导下,开达已成长为一家备受推崇的玩具生产商和出口商,产品包括星球大战公仔、华斯比小熊和卷心菜娃娃等。

会面结束后,在等电梯时的闲谈中,丁鹤寿提到,公司已经开始在紧挨着香港的广东农村生产一些简单的零部件,他和集团管理团队在那里有亲戚。丁鹤寿表示:"他们在简陋的工厂里努力工作,那里的工资很低,有无限可能。"

亚洲正站在起跑线上,还有比这里更适合生活和工作的地方吗?

▶ 初到亚洲：别急，菜鸟

我是带着在纽约做了 3 年证券分析师的经验来到香港的。我研究过一些实力雄厚、管理专业的公司，如职业女性时尚品牌丽诗加邦（Liz Claiborne），垄断美国东南部电视台和广播电台的媒体代理机构 Multimedia Inc.，为 IBM PC Junior（国际商业机器公司于 1984 年推出的一款低端个人电脑产品）生产首台软盘驱动器的 Tandon Corp.（硬件制造商），以及品牌鞋履零售商 Brown Group。我犯过一些错误，但一般来说，美国公司都会遵守行业规则。

1986 年，我开始在亚洲投资，那里是一个新世界。1985 年 12 月，由于巨头新泛电公司（Pan-Electric Industries）的债务违约，以及当时另一只东南亚动量股 Promet Holdings 面临倒闭威胁，新加坡和马来西亚股市关闭了 3 天。我对整个交易所的关闭倍感意外，但也觉得还好。

慢慢地，我意识到香港就像一个现代版的狂野西部，每个人不停地告诉我要小心。在这里投资的常用词有所不同：家族控制的公司、关联方交易、关联方资产注入、供股以及金字塔结构等。其中"深度折价配股"最值得关注，这是一种对少数股东极为不利的公司行为，我将在以下段落中详述。我一直在问自己：控股股东能这样对待少数股东吗？

说到聪明、阴险、纯粹的犯罪，没有什么能与深度折价配股相提并论。而某些天赋异禀的香港企业家在这方面玩得更溜，他们深知这可比卖低端制成品赚钱多了。

深度折价配股的经典案例来自一位商人，我们在这里称他为"老 P"。他以每股 1.038 港元的价格收购了香港上市公司"太平资产"（化名）的控制权。由于"太平资产"由少数人持股，而且股东们对老P的风评有所耳闻，所以他们几乎将股份全部出让，结果老P获得了该公司96%以上的控制权，并将其更名为"亚洲实业"（化名）。

就在交易完成的第二天，"亚洲实业"成为香港交易所交易量第一的股票。怎么会这样？原来，老P把股票从右手倒左手，以抬高股价。散户们跑步进场，把股价推得更高。"亚洲实业"一跃成为市场上最热门的股票，关于其未来增长的传言甚嚣尘上。交易量直线上升，股价上涨吸引了更多动量投资者，甚至一些国际基金经理也买入了"亚洲实业"。利用深度折价配股手段，老P趁着股价上涨将股票出售给投机者。

当股价达到每股1.44港元时，老P抛售得更加积极，这导致了股价下跌。随后投资者的平均成本跌破每股1.20港元，然后跌破每股0.80港元，一路下跌，直到1992年2月"亚洲实业"的股价跌至每股0.50港元。此时，这位持股96%的前股东透露，他持有的"亚洲实业"股份为56.5%。

正如老P所预料的那样，对于情绪低落的股东们来说，"亚洲实业"此时套牢了他们，就像鞋底上甩也甩不掉的口香糖，是一笔他们羞于向家人启齿的投资。而此时，老P正开始准备发动他的最后一击——深度折价配股。1992年2月，他以每股0.27港元的价格发起了2∶1配股，引发股价进一步暴跌至每股0.30港元。由于投资者无法忍受用低于平均成本的价格再一次加仓，即使不是大多数，也有许多人选择放弃他们的优先认股权。因此，老P能够以每股0.27港元的价格购回他此前以较高价格卖出的所有股份。至此，深度折价配股宣告结束。

一家股票经纪公司称此次供股"符合'亚洲实业'的整体利益",并表示"供股的条款公平合理",堪称时代的标志。让可怜的少数股东雪上加霜的是,老 P 在此次骗局之后又进行了 5 次供股,而那些股东所持有的 100 股"太平资产"股票在 2021 年下跌 98%。老 P 的"技艺"在这世上几乎已经无人能敌。

▶ 逐梦伊始

美国有一句老话,彩虹的尽头是宝藏。和许多投资者一样,当时我把在亚洲的大部分时间都花在了寻找中国彩虹尽头的那一桶金上:把牙刷、米饼或空调……什么都行,卖给每个中国人。一位评论员说得好:"我想把单只的袜子卖给每一个中国人!"

和记行就是一次失败的寻宝尝试。这是一家在香港上市的公司,主要生产空调并销往中国内地市场。这家公司在纸面上看起来很不错,我们也很喜欢它的管理层,所以我们入手了其股份,随后安排参观了它的工厂。

从珠海的轮渡码头乘出租车到江门只需 20 分钟。江门是位于广东省珠江三角洲的一座工业化城市。刚过几个街区,我们就看到了另一家空调公司的工厂,然后是另一家,接着又是一家。在到达和记行之前,我们又遇到了 5 家空调制造商,顿时我们意识到,这些可能只是华南地区数百家小型空调公司中的沧海一粟。所有这些公司都在以同样的理念相互竞争,而且其中的大多数很快就会消失。不用说,高观投资在和记行身上押不到宝。

20 年后,当"达尔文经济学"进程最终结束时,中国空调市场出现了几家名企。高观投资了其中一家名为美的的杰出企业,这家公司在很短的时间内便成了全球最大的家电制造商之一。

除了和记行,我们在早期也持有很多其他没什么价值的"彩虹"。

这次的经历告诉我,在中国追逐梦幻彩虹实际上只是一种变相的贪婪,而贪婪必然会让人失望。

我们还能怎样借到中国增长的东风呢?

▶ 世界工厂,但是……

高观投资还尝试了一条间接进入中国的途径,即投资在香港上市的盈利的制造公司。它们助力中国成为"世界工厂",而且至少让我们得到了接触公司管理层的机会,并在我们受挫时提供了适度的法律保障。但问题是,这些公司一般都是负现金流,收入和利润不稳定,管理团队经验不足,很难被高观投资视为卓越的业务模式。

在我们的投资组合中,有一些公司的业绩并不那么亮眼,比如王氏国际、IIH(巨川国际)、QPL(品质国际集团)、多美集团、Pantronics(桐成控股)和伟易达。我们以 4 倍的市盈率买入,再以 6 倍的市盈率卖出。这些公司都不差,但它们不符合我们的投资理念。对高观投资而言,当时中国的某些公司仍颇令人沮丧。

▶ 然后我们发现了建滔集团

自从 1986 年我与丁鹤寿会面以来,高观投资一直在探索中前进,而丁鹤寿在中国内地的亲戚们也还在村里组装着开达的玩具。我们一直在寻求一种能够充分利用中国商业优势的全面的商业模式。

后来，我们遇到了建滔。建滔了解规模和垂直整合在制造业中的重要性，同时它也熟知金融。这是一家独一无二的企业。

你能从高观投资 2000 年 6 月的报告中感受到我在提到建滔时有多兴奋：

> 建滔是一家在香港上市的公司，主要在华南地区为印制电路板行业生产和销售覆铜面板。公司占据华南地区 40% 的市场份额，在全球占据约 15% 的市场份额。自 1993 年上市以来，建滔的收入和利润的复合增长率分别达 39.6% 和 42.9%。
>
> 在建滔上市后不久，高观投资与建滔管理层进行了首次会面，随后又于 1995 年和 1997 年进行了会谈。虽然在几次交流后高观投资尚未买入建滔的股票，但我们对该公司的兴趣和对管理层的信心却与日俱增。除了这几次会面，我们还对亚洲各地的印制电路板厂、消费电子产品、计算机和电信产品制造商进行了例行访问。所有这些会面都贯穿着一条共同的主线，即对低成本原材料和低成本制造中心的需求永不满足。从本质上讲，电子产业正在逐渐向中国南方转移，那里是亚洲甚至世界的低成本制造中心。
>
> 1998 年 11 月，正值亚洲金融危机，我来到香港新界的火炭，拜访了建滔的创始人张国荣和陈永锟。当时，许多公司的高管都在抱怨产量下降、价格下跌和产能闲置，但与之不同的是，张、陈二人在谈到自己的企业时充满信心。他们讲到了稳定的利润率、持续的产量增长、较低的资本开支要求、不断下降的债务水平，以及建滔即将上线的铜箔业务所展现的诱人潜力。当前

股价为预计 1999 年 3 月每股收益的 3.5 倍，这正是我想听到的。

道别时，张国荣把我拉到一边说道："你知道吗？罗兰士，你是半年多来第一个来公司的投资分析师。很高兴再次见到你。谢谢。"

当我走出这座 20 层工业大楼的电梯时，我拿起我的第一代摩托罗拉手机，买入了我们的第一批股票。自此，我们开始以 1.13 港元的平均价格（或不到 2000 年 3 月每股收益的 2.0 倍），买入该公司略高于 4% 的股份。虽然当时很多投资者都可以购股，但正是我们与管理层的关系以及我们对公司业务的了解，给了我们购买大笔股份的信心。

我喜欢这个故事，它展示了高观投资在亚洲的日常工作。我们的投资往往是多年间接背景工作和渗透过程的结晶，在此期间，我们积累了洞察力和人脉，而这些在数月或数年后才能得到回报。这也是我们将大量研究工作安排在公司考察上的主要原因。

虽然在我们买入建滔时，其估值是一个无可否认的低价，但我们之前的考察证实了这家成功的亚洲制造商的强大吸引力。

与建滔同行的一天

我记得在 1999 年初的一天，我和陈永锟一起参观了建滔在中国南方的多家工厂。这一天的行程被各种有关生产流程、与主要客户的关系和资本开支数字的讲解塞得满满当当，其中穿插着在广东省内纵横交错的乡村公路上，从建滔的一家工厂驶向另一家工厂的"惊险"旅程。然而，当天最令人难忘的经历发生在我们天黑后返回深圳出入境检查站时。当时，建滔董事长张国荣站在公路边，旁边是他那辆挂着双牌照（在香港最高级别的身份象征）的越野车。他正等着载我们过关前往香港。

我很感谢张国荣的专程来接，但真正让我印象深刻的是他在向陈永锟汇报当天的订单和产量时的澎湃热情。即使听不懂粤语我也能感受到，这个人对事业充满激情，对肩负的使命全力以赴，并与合伙人通力合作。

与亚洲大多数创业型公司一样，建滔反映了其大股东的风险/收益参数。张国荣是公司的风险承担者，正是他推动了建滔在亚洲金融危机中继续扩张。陈永锟是公司的代言人，他讲话温和，英文流利，默默地关注着公司的现金流、业务线利润率和每月利润。他们合作多年，于1980年共同创立了公司。满足成为一家成功上市公司首席执行官诸多条件的高管常有，但能够满足全部条件的高管难寻，因此我们很高兴能看到建滔管理层的相辅相成。

绝佳的合作

建滔在高观投资组合中停留了14年，内部收益率高达41.1%。建滔的三位高管——创始人张国荣和陈永锟，以及首席财务官莫湛雄，都是"高观名人堂"的成员，这在高观投资尚属首次。

建滔是高观投资的分水岭，解决了我们苦于无法真正受益于中国经济增长的困境。如果建滔能在中国取得成功，那么必然还会有其他成功的中国企业。于是，搜寻开始，高观投资在中国面临着新阶段的机遇，我们将在下一章中详述。

· 第 10 章 ·

沙里淘金：
2000—2013 年

我从来不吓唬老百姓，只吓唬那些贪官污吏。

——朱镕基，

1998—2003 年中华人民共和国国务院总理，

2002 年记者招待会上答记者问

在本书的许多章节中，我们都以犯过的错误作为开头，比如遭遇永远在午休的新加坡伟城工业的欺诈。同时也不乏一些投资失误的故事——这是生意的一部分，所以我们将其归结为经验，自嘲一番之后，以比上次更聪明一点的方式继续前进。

本章所涵盖的时间段为2000—2013年。这是一个新时代，新一代亚洲企业已经学会如何创造长期价值。

这些都是高观投资长期以来一直努力挖掘的公司，在1997—1998年的亚洲金融危机之后，它们的估值都颇为廉价。

当时，许多亚洲企业已经发展成熟，其实力和势头与我们的投资理念完全吻合，基本面投资也为高观投资带来了真正的牵引力。这些公司就是高观投资的新赢家，它们各有特色，遍布亚洲的各个角落，我们对其充满了兴趣，其中最受我们青睐的公司包括：

- 印度尼西亚：华侨银行印度尼西亚、宾唐啤酒
- 泰国：CP All、泰国再保险公司、泰万盛

- 马来西亚：顶级手套、IOI
- 新加坡：第一通
- 中国香港：大家乐、建滔集团、ASM 太平洋
- 中国台湾：台积电、研华科技、致茂电子

其中的许多公司在本书的其他章节中都有重点介绍，其高管入驻"高观名人堂"，它们几乎都是"高观十年俱乐部"的成员，其中两家跻身"高观二十年俱乐部"。

高观投资的关注点在亚洲其他国家，而此时的中国经济继续保持着高速复合增长。

▶ 巨人觉醒

令人叹为观止的是，在制造业和出口的推动下，中国内地的经济规模从 2000 年到 2005 年几乎翻了一番，到 2008 年又翻了一番。中国香港是高观投资总部的所在地，也是亚洲最具活力的金融中心，但与中国内地的经济势头相比，其经济增长速度黯然失色（见表 10-1）。

表 10-1　中国香港 GDP（国内生产总值）占内地 GDP 的百分比

年份	中国香港 GDP 占内地 GDP 百分比（%）
1990	21.3
2000	14.0
2010	3.8
2020	2.3

资料来源：Wind。

中国正在发生的剧变令人难以忽视，这个国家正强势进入全球竞争。即便当时我们正忙于投资亚洲地区崛起的众多新赢家，但高观投资在香港无时无刻不在关注着中国内地。中国正在成为一个经济引擎，其规模必将带来投资机会。我们不断探寻、拜访公司，了解中国的商业情况，试图找到高观投资中国的最佳方式。

慢慢地，经过不懈的努力之后，各种选择方案开始成形。我们在2001年12月的报告中介绍了这些进展，其中包括于我们而言，有史以来最重要的一句话：

"30~40家上市民营企业的出现，标志着未来大批中国民营企业上市的开始。"

过去两年来，亚洲最令人兴奋的发展之一就是中国出现了真正的上市公司。这里"真正的上市公司"是指那些在中国管理其业务以获取利润的公司。一般来说，这些公司由拥有着多数股权、初出茅庐但充满活力的企业家管理。其市场庞大而分散，既有着令人难以置信的潜在回报，也存在巨大的竞争挑战。这些经过精挑细选的上市公司与从大型国有企业分拆出来的"标准"中国上市公司形成了鲜明对比……

中国宏观经济数据显示，民营企业目前约占中国国民生产总值的45%。然而，民营企业在中国股票市值中所占的比例却不到5%。因此，虽然目前的许多企业家和公司会出于各种或好或坏的原因而消失，但我们确信，整个行业将产生蓬勃的增长，并为投资者带来许多惊心动魄的时刻。

对高观投资而言，这是一个激动人心的机会，我们在基本面分析上的优势以及对目标公司的积极研究将对我们大有裨益。

▶ 门缝里的机会

由于21世纪初对外国人直接持有中国股票的限制,我们的可投资标的仅限于在境外上市的中国公司。如上所述,截至2001年底,只有30~40家民营企业上市。于中国的规模和增长速度而言,可供投资者投资的民营企业数量实在太少了。

虽然我们渴望进入中国市场,但我们不能因此而降低标准。任何投资中国的决定都必须与我们投资组合中现有的许多绝佳机会相比较。在仔细研究名单的过程中,大众食品引起了我们的兴趣。(在第3章"高观投资理念"中,我们介绍了其杰出的首席执行官周连奎)。

节选自高观投资2001年12月的报告:

> 大众食品是中国最大的综合性猪肉加工商,2002年的销售额和利润预计将分别达7.45亿美元和1亿美元。该公司在中国各地拥有4家屠宰场,并通过一个覆盖全国的网络销售其产品。
>
> 在财务方面,大众食品的特点是利润率稳定、资产周转率高且资产收益率高。自1997年以来,毛利率和营业利润率平均分别为21.5%和16.3%。1998年,其每1元人民币固定资产平均产生6.2元人民币的销售额。2001年,我们估计这一数字将提高至7.5元人民币。在销售额增长近3倍的情况

下，资产周转率还能同时提高的亚洲上市公司并不多。由于利润率稳定，资产周转率高，该公司过去5年平均经营资产收益率高达55%。这使大众食品在我们的投资组合中跻身前1/4，并使其能够通过内部产生的现金流，为30%以上的销售增长提供资金。而且，正如我一直所言，能产生超额现金的企业往往在公司治理方面的问题较少。

虽然我们只有大众食品5年的业绩记录，但其营业利润率一直保持稳定、合理，并与其生产力优势保持一致。该公司的营运资本管理没有出现滥用或缺乏纪律的情况。在大众食品的企业融资意图方面，我们看到，由于该公司拥有大量现金，且缺乏能有效利用募集资金的途径，因此拒绝了配售新股的承销要约。

我们很幸运在合适的时间以合适的价格遇到了大众食品。买入时的平均市盈率为当年盈利的3.9倍，于我们而言，这是一个相对容易的决策。但我们对能持有一家以自有现金流实现30%利润增长为目标的公司而倍感兴奋。目前，该公司股价估值仍处于合理水平，为2001年预计市盈率的7.7倍和2002年预计市盈率的6.1倍，现金股息率达5.0%，平均净资产收益率达48.1%。与在亚洲，特别是在中国的每项投资一样，我们的信心只来自长期稳定的业绩记录和诚实的公司管理。显然，我们与周总的合作开了一个好头。

我们持有大众食品的股份将近9年，实现的内部收益率仅为9.8%。然而，作为我们首批投资的纯中国本土企业之一，大众食品也为我们提供了应对中国市场挑战和机遇的宝贵一手经验。同样的情况如果放在今天，我们仍然会投资大众食品。

▶ 沙里淘金

在投资大众食品的同时，我们也在乐观地寻找其他投资机会。我们花了大量时间在中国搜寻投资目标，然而，一家又一家公司暴露了少数股东在中国的艰难处境。是的，大量增长，但没有利润。企业胡乱扩张、过多的短期债务、不可持续的利润率、"不惜一切代价实现增长"的管理策略、资本分配不当、不同股东之间的利益冲突以及不合时宜的多元化，这些只是我们所遇困难的冰山一角。

好的一面是，我们坚信市场经济以及散户投资者的动物本能在中国有着旺盛的生命力。但中国需要一次大规模的淘汰，清理不合格、不守纪律、资金匮乏的企业高管。

以下节选自高观投资 2003 年 12 月的报告：

关于在中国投资的大体观察

- 高观投资需要找到与亚洲其他地区一样管理完善、盈利能力强、价值高的公司。我认为，通过投资获得经济回报是我们在中国投资的唯一标准。
- 无论在哪里，贪得无厌都不利于投资者，在中国尤其如此。那些试图把牙刷卖给每个中国人的公司，最终必然会失望而归，期待落空。
- 在投资时必须保有耐心和纪律。尽管大量的上市公司为我们提供了丰富的选择，让我们能直接或间接地进入中国市场，但需牢记的是，中国从计划经济向市场经济的演变仍处于早期阶段。

- 中国的透明度正在缓慢提高。例如，我最近计算过，中国汽车行业目前有35%的市场份额归上海或香港的上市公司所有。当这一比例上升到60%或70%时，投资者就能有把握地掌握汽车行业的整体财务表现以及与特定股票相关的风险。几乎各行各业都在经历类似的过程。

正如我们从1997—1998年经济危机中吸取的教训，有时经济或政治因素会使股权投资者面临过大的风险。坦率地讲，今天信贷的过度增长与许多我们在1998年后发誓绝不会再忽视的预警信号相悖。因此，我们目前对内地的风险敞口处于相对谨慎的水平。

但与此同时，我们对内地的持续研究前所未有地积极。

中国上市公司的五大类别

2003年，如下五类上市公司为投资者提供了投资中国的机会。在某些情况下，我还针对不同行业补充了一些案例。

第一，国有企业：其中包括国家、省级和地方政府支持的公司。国有企业按行业、地域和规模划分，所占市值最大。作为外国投资者，投资中国国有企业有诸多弊端，包括利益不一致等。

第二，民营上市公司：由中国民营企业家创办和管理的上市公司。大多数在中国香港和新加坡上市，其中有许多最终也选择在上海和深圳上市。在未来的许多年里，这将成为对投资者而言最具活力和挑战性的领域。这是高观投资研究工作的重点。

第三，进军中国的亚洲企业：包括许多将核心业务扩展到中国的亚洲上市公司。这为我们选择业绩记录和业务运营良好的管理层提供了机会。我相信，其中会有一部分公司能够克服非中国实体在中国所面临的水土不服的困境。

- 我在本书其他章节中介绍过的优秀企业——大家乐最初在华南地区经营着 8 家无法盈利的分店，它们曾考虑过退出。2002 年，我对大家乐的董事长陈裕光说："我们有足够的资金在中国内地继续尝试，所以不要放弃。"到 2005 年，大家乐在广东开有 31 家分店，全部盈利，现金流良好，利润率高于在香港的分店。
- 香港利丰集团旗下的利亚零售有限公司将其 OK 便利店业务扩展到了广东。虽然在竞争激烈的市场中举步维艰，但到 2007 年，利亚已将其在中国内地的业务发展成为拥有 250 家门店的盈利企业。
- 九兴控股在全球生产和销售品牌时装鞋履。凭借遍布全球的客户群、出色的中国台湾管理层和低成本的中国制造，九兴成功地将海外鞋履品牌引入国内零售市场。

第四，以出口为目的的中国制造商：利用中国的低成本劳动力和基础设施是高观投资之前走通的一条路。

- 建滔集团，如前所述的优秀案例。
- 研华是总部位于中国台湾的一家为金融、医药、交通等垂直市场提供定制化系统集成解决方案的制造商。该公司是全球及中国最大的工控机巨头。我们对研华的投资已超过 13 年，产生了 25.6% 的内部收益率。该公司董事长刘克振是"高观名人堂"的成员。

第五，中国供应商：这一群体主要由来自东南亚的产品生产商组成，它们为中国提供包括食品、半导体及工业原料在内的各种产品。这是能从中国经济增长中获益的一种成功、低风险的方式。

- IOI 集团是马来西亚领先的棕榈油生产商之一，对华销售增长强劲。我们常说，中国棕榈油销量大、利润率低，而马来西亚棕榈油销量小、利润率高。IOI 在马来西亚和中国的成功得益于其卓越的运营。

2003 年投资民企股的陷阱

投资上述五类公司都存在明显的弊端，而中国的民企股也让投资者面临一系列挑战。从长远来看，民企股将为我们带来巨大的投资机会，因此我想在此分享投资中国新企业家的具体风险。我希望通过这部分内容，阐明我们在中国面临的挑战。

第一，自大。我并不想一概而论，但某些掌管中国民营上市公司的企业家是我见过的最自傲的一群人。他们通常以"我什么都懂"的态度和"不惜一切代价实现增长"的经营方式主宰公司。

在与高管交谈时，我喜欢提出"可伦坡式问题"。可伦坡是20世纪60年代末至80年代初热播的电视剧《神探可伦坡》中的主角，由彼得·福克扮演。其特点是通过装傻来提出一个精心设计的问题，直指关键核心。可伦坡式问题的开头通常是："还有一件事……"用得好的话，不耐烦的高管往往会把他们的真实想法脱口而出。

我的可伦坡高光时刻发生在探访位于福建的某家有机蔬菜生产商的过程中。当时，有机农业在中国还是一个新生事物，可以说还没有真正开始，但即将经历快速增长。

在参观了该公司的农场和福州的主要湿货市场后，我们来到公司总部，与董事长和首席运营官会面。

大约45分钟后，会议接近尾声，我向董事长提出了我的可伦坡式问题："还有一件事。嗯……你认为在未来几年里，你能让公司增长10%到12%吗？"而这是我们购入股份的最低增长要求。

董事长从椅子上坐直了身子。"什么？10%到12%？如果增长率只有10%到12%，"他用手指了指首席运营官说，"我就把这家伙开了。"

我们买了这只股票，公司像野草一样疯长，但在2.2年后卖出股票时，我们仍然亏损了10.7%。我们很高兴能将其出手。直到今天，我还在想那位首席运营官还好吗。

第二，企业家陷阱。中国W食品企业由一个台湾家族所有,在香港上市,其生产和销售全部在中国内地。2009年,我们对其产生了浓厚的兴趣。

我们对W企业的犹豫在于它倾向于拓展新的产品线。我们一再建议管理层,他们应该把重点放在核心业务上。企业家陷阱就在于认为只要一次成功就能次次成功。

我和一位同事参观了这家公司在杭州郊外的一家工厂。参观结束后,负责人邀请我们共进午餐,在讨论某品类业务的同时,也向我们介绍了他们最新的多元化尝试——白酒。

这些性格开朗、身材魁梧的主管们显然都是酒量很好的人,他们开始兴高采烈地为大家倒酒。在中国,有时最好的办法就是恭敬不如从命。

我的同事在这方面还是个菜鸟,只喝了几杯就满脸通红。我说:"还是让我这个酒鬼来吧。"

在接下来的一个小时里,我配合着这些人喝了几杯白酒。虽然很欢乐,但那天下午我的心情特别低落,因为我意识到W企业永远不会专精一处。它会不断在其他业务上浪费时间和资源,而这些业务永远不会像它的拳头产品那样成功。

第三,会计薄弱。我并不想抱怨会计薄弱,因为多年来我一直从会计薄弱中获益。但在中国,许多民营上市公司有着难以为继的利润率和令人生疑的商业模式。就拿高观投资最近买入了大额头寸的味丹国际来举例。味丹国际是一家由中国台湾人管理的集团,在越南胡志明市东南部的湄公河三角洲拥有一家综合工厂,经营大型、复杂的淀粉业务。作为尽职调查的一部分,我们参观了一家在中国大陆经营淀粉业务的民营上市公司。这家中国大陆公司不仅规模较小,而且并不具备台湾企业所拥有的能提供进入壁垒及高附加值产品的先进发酵技术。

然而，我们发现，这家中国大陆公司目前的毛利率为55%，而越南工厂的毛利率为25%。我无法确定这一差异的原因所在。

▶ 网易：按照我们的标准投资中国

网易当时是中国电脑游戏行业中一支日益壮大的力量。该公司的过往财务表现非常出色，可谓是一台具有超强盈利能力的现金制造机，拥有多款市场领先的电脑游戏。网易于1997年由26岁的软件工程师丁磊创立，于2000年在纳斯达克上市，这让我们对公司向股东发布的财务信息有了一些信心。当时，中国正处于长期熊市，网易股票的估值很低。这一点值得关注。

此后不久，在一个沉闷的冬夜，网易在杭州总部召开了投资者会议，丁磊和他的管理团队进行了演讲。我是这场普通话演讲中唯一的外国听众，因此专门为我配了翻译。

我注意到丁磊在大家面前显得心不在焉，这个管理着一家市值55亿美元上市公司的年轻人是谁？他是靠运气，还是实力？这家公司现金充裕，但当时尚未分红。网易是否也像我见过的其他许多中国公司一样，对股东漠不关心？

回到香港后，我和史怀正讨论了网易的问题，并决定给丁磊一个机会。当时，网易的主打游戏《大话西游》和《梦幻西游》已经分别运营了8年和6年。这两款游戏有着高盈利记录，网易的核心游戏具有长期特许经营价值，而且由于华尔街对中国公司的美国预托证券缺乏兴趣，其股价还很低。综合来看，这些因素足以说服高观投资买入网易。

我最初对丁磊是否重视股东的疑虑很快就烟消云散了。

2012年10月，在我们首次买入股票后的一个月内，网易宣布派发1.31亿美元的特别股息，并回购高达1亿美元的股票。在18个月内，网易宣布了每年派发约为净收入25%的股息的政策。销售额持续增长，网易的市场主导地位越发稳固，股价也随之上涨。网易真可算得上是"宝藏"公司。

我们在2013年6月致高观投资者的信中这样写道：

> 互动网络游戏在中国大受欢迎。在该行业中，MMORPG（大型多人在线角色扮演游戏）是一个发展尤为迅速且利润丰厚的领域。在中国，MMORPG是一个大产业，2012年的收入超过308亿元人民币（50亿美元），而网易是中国最大的MMORPG开发商和运营商。
>
> 网易拥有许多高观投资所看重的特质：
>
> （1）具有强大议价能力的优质企业。
> （2）高财务回报率和现金充裕的资产负债表。
> （3）诱人的盈利增长前景。
>
> 爆款MMORPG的利润非常丰厚。一款自主开发的热门游戏每年可产生数亿美元的净利润和现金流。在美国，如果一款游戏的最高同时在线人数超过几十万，便被认定为热门。网易最火爆的游戏《梦幻西游》在2012年的最高同时在线人

数达 270 万。

截至 2009 年底，网易资产负债表上有超过 70 亿元人民币（超过 11 亿美元）的现金。在 2010 年和 2011 年，网易的盈利复合年均增长率超过 30%，到 2012 年，其现金已增至 154 亿元人民币（超过 25 亿美元）。

我们持有网易的原因在于其无与伦比的游戏开发能力，以及游戏所带来的财务回报。

网易是中国唯一一家在其核心品类之外成功开发出热门游戏的游戏开发商，至今所有同行都进行过尝试，但都以失败告终。2012 年底，网易推出了两款自主开发的新游戏，预计今年晚些时候还将发布另外两款，我们相信网易能够继续为股东带来盈利增长。

高观投资终于找到了一家优秀的中国上市公司——网易，以及丁磊这位能够为股东创造真正价值的高管。我们对网易的投资持续增长，如今网易已成为我们投资组合中最大的核心持仓之一，在 8.4 年的时间里，为高观投资者创造了 44.4% 的复合年均收益率。丁磊凭借其出众的才华和成就，现已入驻"高观名人堂"，网易也即将加入"高观十年俱乐部"。

网易证明了高观投资在中国依然能够坚守自己的标准。我们对此倍感兴奋，并确信还有更多像网易这样的公司。我们要做的就是找到它们。

高观投资开始在中国"寻宝"。

· 第 11 章 ·

寻宝归来：
2013—2021 年

> 伟大源于品格。品格不是由聪明人塑造的，
> 而是由经历过苦难的人塑造的。
>
> ——黄仁勋，英伟达首席执行官

在高观投资，我们都将自己的职业定义为选股人，因此我们都期待着在职业生涯中能遇到"毫不费力赢很大"的选股时机。2013年就是这样，全球性大事频发，我们终于在中国——这一让我们沮丧了很久的市场，迎来了选股高光时期。

在讲故事之前，我们有必要简单解释一下高观投资为何如此关注中国，以及当时我们所要面对的独特环境。

▶ 一点背景

知道什么时候该等

2006—2007年，在散户投资者的推动下，中国A股出现了投机性牛市，股价一飞冲天。与此同时，中国内地国有企业大张旗鼓地加快了在香港上市的步伐。在这样的冲击下，2006年1月1日，中国内地公司占到恒生指数的30%，在21个月后的2007年9月30日，这一数字升至50%。

在此期间，中国内地公民首次被允许直接投资港股，投机热潮蔓延至恒生指数。恒生指数的市盈率估值被推向新高，印象中首次短暂超过道琼斯指数和标准普尔 500 指数。一夜之间，似乎所有人都染上了中国热。

高观投资却是个例外。我们不想参与其中，因为估值不可持续。高观投资预料到这股热潮将以悲剧收场，因此将香港和中国内地的投资比例降至历史最低水平。我们坚守估值纪律，增加防御性持仓，持有现金，无视动量投资的迷人诱惑。更符合实际的股价估值终将出现，高观投资可以耐心观察和等待。

2007 年 10 月，中国内地和香港的股市泡沫破裂。到 2008 年 3 月底，沪深 300 指数和恒生指数分别较最高点下跌了 72.7% 和 66.0%。投资者纷纷逃离，追梦失败。9 月，雷曼兄弟申请破产，成为美国历史上最大的破产案。事态一发不可收，全球金融危机由此开启。这是一场全球性的溃败。

与此同时，高观投资开始买入。

知道什么时候该买

记得在 1997 年亚洲金融危机之后，亚洲经济和亚洲企业皆进行了改革，深谙如何生存和发展的亚洲新赢家崛起。2000—2007 年，高观投资的复合年均收益率达 24.9%。同样，随着 2008 年股价下跌，我们有机会以不可思议的估值买入一些亚洲优秀公司。这些公司构成了我们所谓的高观投资"08 班"。

高观投资组合在 2008 年新增了创纪录的八项投资，包括卡尔贝制药公司、研华科技、德永佳集团、泰国酿酒和九兴控股等。

这些都是我们所青睐的第二代亚洲赢家。与此同时，高观投资也伺机增加了对台积电、顶级手套和致茂电子等长期投资企业的持仓。这些公司都已发展壮大，但其股价却在熊市抛售中暂时下跌。

让我们选择在 2008 年买入股票的并非超凡的洞察力，而是因为我们对亚洲经济和亚洲公司的基本实力充满信心。事实上，亚洲避开了最严重的全球危机，我们的信心也得到了回报：2009 年和 2010 年，高观投资的回报率分别达到 72.8% 和 53.3%。

知道什么时候该卖

到 2012 年，我们对 21 世纪初的新赢家和"08 班"的投资已经达到了我们无法合理解释的估值。一些公司的市盈率超过了 30 倍。当全世界都想要你所拥有的东西，并且愿意支付你绝不会支付的高价时，可能就是该卖出的时候了，于是我们把股票卖了。乔纳森·布什最早将其称为"今日享明日价"。

就这样，在 2012 年底，高观投资有了可以动用的资金。亚洲最好的机会在哪里？我们把目光转向了中国。

▶ 一切就绪

我前面曾提到，高观投资在 2013 年初参加了网易的投资者会议。通常情况下，无论在纽约还是香港，更不用说中国内地，这样一家公司的投资者会议往往能吸引大批参与者，让酒店宴会厅座无虚席。但当时现场只有 15 人，我是唯一的外国人。人们都去哪里了？

投资者对中国不感兴趣这件事激发了我们的兴趣。2012年底，中国沪深300指数从2007年底的峰值下跌63.7%，直至2014年3月，才终于触底反弹，此时距高点已过去近7年时间。随着中国股市的下跌，投资者，尤其是国际投资者，已经失去了兴趣，不知所终。高观投资此时有种中国市场被我们一家独享的感觉，一切准备就绪。

▶ 上海的关键会议

在网易之后，高观投资开始有条不紊地搜寻中国公司。但出于过往的经验，我们对于中国公司为股东创造价值的能力仍心存疑虑。网易已经证明了自己，但仅凭一家公司并不能证明已形成了一种气候。带着这样的想法，我于2013年前往上海与华域汽配会面。

在一间没有窗户的会议室里，到场的有华域首席财务官、投资者关系主管等。

在讨论完公司运营和财务业绩之后，由于没有在华域身上发现A股公司通常会存在的弱点，我操着最地道的纽约口音向首席财务官问道："非常感谢，我受益匪浅。但谁来保护华域少数股东的利益呢？"

出乎我意料的是，首席财务官说："罗兰士先生，当然是独立董事在维护你们的利益。"

"好吧，但我在亚洲工作了28年，从未有人跟我提过独立董事。"

投资者关系部主管说道："华域不一样，您想见见他们吗？"

随后，我与其中一位独立董事进行了开诚布公、富有成效且令人信服的会谈。中国的一些公司似乎终于找到了正确经营上市公司的方法。此次会面给了我巨大的鼓舞。

高观投资了华域的股份。我们在 2013 年买入时的市盈率为 7 倍，每股收益以 15% 左右的速度增长，股息率达 4%，净资产收益率为 16%，经营收益率为 54%。管理层和独立董事尊重我们作为股东的意见。华域是一家运营良好的上市公司，我们的投资很成功，两年内高观投资者获得了 42.0% 的内部收益率。

图 11-1 显示的是 2007 年 1 月 1 日至 2015 年 4 月 1 日的沪深 300 指数。

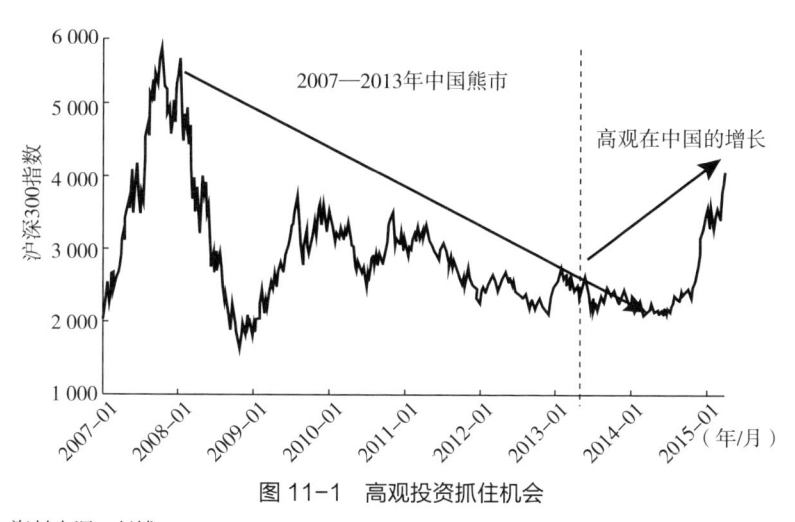

图 11-1　高观投资抓住机会

资料来源：彭博。

▶ 澳门聚会

有人说，在选股人的职业生涯中，总会有那么几次"天助我也"的时刻。在 1997—1998 年亚洲金融危机和 2007—2008 年全球金融危机之后，高观投资也经历过这样的时期，当时我们在亚洲各地发现了许多优秀的"亚洲新赢家"。这次难忘的经历让我们学会了如何识别那些难能可贵的特殊机遇。2013年，我们发现了网易，随后又遇到了华域，我们感觉到，另一个伟大的机遇时代正在中国开启。

我们从高观投资理念出发，寻找可投资的标的，而中国公司终于开始在这一精挑细选的领域中出现。在中国股价连续7年下跌之后，我们开始发现一些公司，它们规模可观，高瞻远瞩，已准备好拥抱中国巨大的潜力。

就在几年前，我们曾说"我们不在中国投资"，现在，我们似乎能够按照自己的方式在中国投资了。

2013年的高观投资团队年度外出会议在澳门举行，会议议程上只有一个项目——中国。每个人都准备了一份要投资的中国公司名单。我首先提出了10家公司，然后史怀正提出了10家，接着投资团队又提出了20家！真是令人兴奋。如果说高观投资有什么拿手好戏，那就是"寻宝"。现在，搜寻的大幕已经拉开，我们即将迎来职业生涯中最辉煌的选股时期之一。

▶ QFII？花小钱办大事

然而，高观投资进入中国面临一个障碍：自2002年以来，中国内地法规限定外国投资者只能通过"合格境外机构投资者"（QFII）机制获得投资中国A股市场的资格。高观投资有限公司最初申请了投资2亿美元的QFII牌照，但只获得了1亿美元的配额。大部分QFII都分配给了纽约、东京和伦敦那些拥有大型公共关系部门的知名投资管理公司。谁又认得高观投资呢？

为了投资那些我们精挑细选出的优秀公司，高观投资有限公司需要 QFII 额度，而事实证明，那些获得了资格的企业也并没有那么想要。这些大型跨国企业的客户因中国 A 股价格连续 7 年下跌而筋疲力尽，高观投资首席执行官兼首席财务官麦龙俊设法以少量年费租用了它们的 QFII 牌照。它们觉得我们疯了，而这正是 7 年熊市对投资者的影响。

▶ 选股人的天堂

2014 年底和 2015 年初，中国 A 股出现的短暂牛市让我们的步伐暂时放缓，但随后 A 股出现调整，高观投资又立即进场。一切都在朝有利的方向发展。我们能跑多快？这是我们职业生涯中难得一见的选股天堂。机会滚滚而来，我们也不停地买入。

尽管高观投资的资产分配发生了重大变化，但我们对在中国的工作保持低调，甚至对高观投资者也是如此。在国际投资者中，我们几乎是独占市场，不敢让任何人知道我们所发现的巨大商机。

如表 11-1 所示，投资组合中对中国企业的分配不断增加，反映了高观投资在中国的活跃表现。

表 11-1 高观投资对华投资组合分配

年份	对华分配（%）	高观投资管理资产规模（亿美元）
2010	6.6	17.9
2011	9.7	19.2
2012	18.1	27.3
2013	30.9	33.6
2014	45.6	36.3
2015	56.5	37.4
2020	55.3	71.0

▶ 发现的快感

高观投资在中国的机会不断涌现，我们也在持续买入。

2013—2015 年，高观投资了国内领军企业、国际名企、无与伦比的基础设施资产和互联网巨头等一些中国最优秀的公司。

它们都是中国未来的蓝筹股，而高观投资以廉价估值抄底。

我们的投资紧锣密鼓。截至 2015 年底，高观投资已在中国投资了 21.1 亿美元。到 2017 年底，我们仅在中国的投资收益就超过了 14.3 亿美元。

高观投资在 2016 年 3 月向投资者提交的报告中，有如下表述：

> 高观投资的经历终将证明，2013—2015 年增持中国市场是我们成立 25 年来最有见地的分配调整之一。2014 年第二和第三季度，小小的高观投资可能是全球最大的 A 股外国买方。这一成就是高观投资团队共同努力的结果。

在中国选股的快感只能用我们所发掘的机遇来表达。下面我就来举四个例子。

长江电力：可预测的现金流

举世闻名的长江三峡水电站的所有者长江电力是我们在澳门会议上重点讨论的企业之一。

节选自高观投资 2014 年 12 月的报告：

长江电力是中国最大的可再生能源供应商,也是全球最大的水力发电企业之一。高观投资认为,三峡大坝(见图11-2)是亚洲百年一遇的宝贵资产,而更重要的是,长江电力是中国乃至亚洲最优质、最可靠的自由现金流创造者之一。我们可不是随便说说的。

低成本的中国电力供应商

一家企业最理想的"护城河"是以低成本提供具有明显优势的产品,而长江电力正是中国成本最低的电力供应商。同样重要的是,三峡大坝的主要原材料(水)基本上是免费的,因此三峡大坝的发电成本在很大程度上是固定的和稳定的。这让我们相信,长江电力被一条深深的"护城河"环绕,在未来的几十年里,其所售电力都将盈利颇丰。

印钞机

高观投资对上市公司的分析侧重于其现金流和自由现金流。长江电力的核心优势在于,其创造了约87%的现金毛利率(毛利加折旧除以销售额)和83%的税息折旧及摊销前利润(EBITDA)的能力。维护性资本开支平均不到现金流总额的5%,剩下95%的现金流都是自由现金流,可用于公司未来发展、偿还债务和向股东分红。在我的职业生涯中,还从未见过这么高的现金毛利率与如此低的维护性资本开支比率。

图 11-2　长江三峡大坝

资料来源：斯蒂芬·威尔克斯。

美的：30 年整合的赢家

高观投资一直在搜寻那些在行业整合阶段幸存下来的企业。你可能还记得，在 20 世纪 90 年代中期，当高观投资还在中国逐梦时，我们拜访过中国南方一家空调制造商，后来发现它只是在同一新兴市场中竞争的数百家公司之一。

20 年后，中国空调市场由三家重要的空调制造商主导。高观投资了其中一家名为美的的杰出企业，这家公司在短时间内就成了全球最大的家电制造商之一。

在行业整合的激烈竞争中生存下来需要纪律和专注，当我们在 2014 年投资美的时，公司利润率不断上升的效果已经显现（见表 11-2）。

表 11-2 美的利润率不断提升

	2010 年（%）	2014 年（%）
毛利润	18.2	25.4
营业利润	5.3	9.1
净利润	1.2	7.6
净资产收益率	13.3	29.7

美的不仅是一家盈利的公司，而且是一家运营良好的上市公司，低负债，高现金流，在国内和全球市场持续增长的路径清晰，其估值也因股东分红而更具吸引力。凭借这些优势，我们对美的的投资在两年内实现了 43.2% 的内部收益率。

美的在经历了行业整合，崛起为中国空调市场领导者之一的同时，也跻身全球行业领导者之列，正如我们所言：赢了亚洲，就赢了世界。

上海国际机场股份有限公司：无与伦比的基础设施资产

上海浦东国际机场是上海最大的机场，也是华东地区国际出行的主要门户。机场拥有四条跑道、两个航站楼和两个卫星航站楼，每年旅客吞吐量超过 7 500 万人次，也是亚洲最大的货运机场。

但机场能被视为增长型业务吗？事实说明了一切。2015 年，也就是高观投资浦东机场的第一个完整年度，其旅客吞吐量增长了 16.2%，国际旅客增长了 17.9%，而地区 GDP 仅增长了 5.6%。展望未来，我们注意到，2014 年中国内地航空旅客总数占中国总人口的 61%。同年，美国和日本的航空旅客总数分别为各自人口的 267% 和 208%。

上海浦东国际机场提供了两条增长路径：

（1）基础设施资产：机场向航空公司和货运商收取费用，包括着陆权和登机口使用权、行李处理、机库空间、仓储和办公空间等。这是一项庞大而繁杂的业务，也是一项利润增长型业务。

（2）零售房地产资产：上海浦东国际机场在航站楼内拥有 30 万平方英尺[①]的零售空间，其高质量的商业租户享有几乎自带保障的客流量，每平方英尺的销售额在零售行业中名列前茅。占浦东机场收入一半的零售租约业务，除收取最低租金外，还从销售额中抽取一定比例，因此租约收入将随销售额的增长而增长。值得注意的是，中国的消费支出在 2010—2015 年翻了一番，复合年均增长率为 14.9%。相比之下，同期美国消费者销售额的复合年均增长率为 3.8%。

2014 年，高瓴投资以 14% 的无杠杆资本化率买入了上海国际机场股份有限公司的股份，再加额外的股息收益率，对于一个拥有世界级零售地产的无与伦比的基础设施资产来说，这是一个无敌的价格。这项投资在 5.4 年内为我们的投资者带来了 54.1% 的内部收益率。

---

① 1 平方英尺 ≈ 0.09 平方米。——编者注

山东威高：长期国内领导者

山东威高集团是中国最大的医用耗材企业，在注射器、输液器等一次性医用耗材领域占有市场领先地位。因此，这是一项高价值的经常性收入业务，不受宏观经济放缓影响。

在我们投资威高时，中国的人均医疗支出在过去10年中以16%的复合年均增长率增长，但人均510美元的水平仍远低于经济合作与发展组织国家。根据中国国家卫生健康委卫生发展研究中心发布的报告，人口老龄化、更好的保险覆盖率以及医疗水平的提高，将继续推动医疗支出在2035年前以每年8.5%的速度增长。

我们一直在寻找能够在不牺牲利润率的情况下保持收入增长的公司。2004—2019年，威高的收入复合年均增长率为24.5%。然而，凭借强大的产品创新和高毛利产品开发能力，威高在同一时期将毛利率从40.0%提高到62.8%，这是一项了不起的成就。

在21世纪初，威高曾是一只大受欢迎的成长股，但后来却几乎被投资界所遗忘。这种不被重视和相应的低股价是不应该的。威高是业界首屈一指的公司，具有高增长、高利润、低负债、市场领先地位和成熟的管理，而且估值低廉。这是一家符合高观投资标准的公司。在持有威高股份的5年中，这项投资实现了33.7%的内部收益率。

▶ 中国A股的分化

我们将资金分配到中国的根本原因在于，我们预计股市表现会出现分化。符合高观投资要求的优质公司数量有限，而不符合要求的公司（包括过度负债、无法或不愿为所有股东的利益而加强管理的上市公司）却多如牛毛，这两者之间的分化将推高高观投资在中国 A 股的回报。

到 2015 年中期，分化确实开始出现，蓝筹股崭露头角。图 11-3 形象地呈现了中国企业"优胜劣汰"的分化，以及高观投资"优胜"企业的业绩比较。

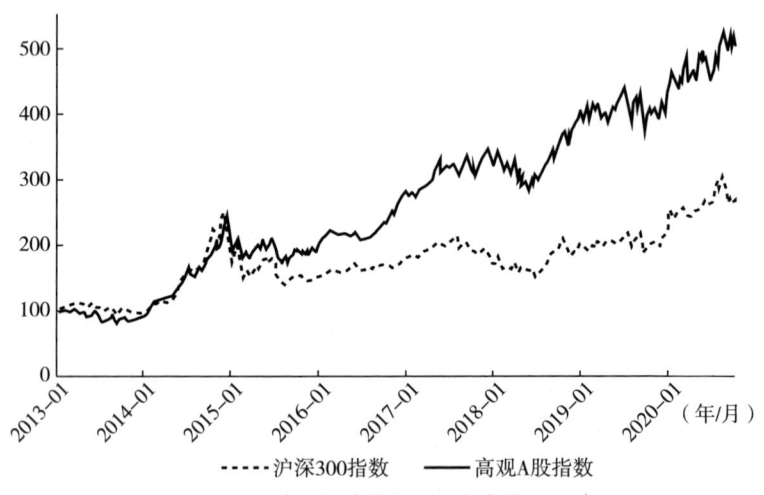

图 11-3　自高观投资首次买入以来的 A 股表现

资料来源：彭博，高观投资。

▶ 不平凡的历程

高观投资的中国历程跨越了中国历史性崛起的整个时间段。1986 年，丁鹤寿告诉我，他在中国南方的亲戚正在为他的开达集团做一些简单的装配工作。之后，我们在 20 世纪 90 年代初逐梦，试图把牙刷卖给每一个中国人。后来，建滔集团出现，这家香港公司想出了在中国内地做生意的办法。在与丁鹤寿会面的近30年后,我们开始投资中国企业,现在这些公司均已跻身全球大型公司之列:

- 全球排名前五的电脑游戏开发商
- 全球最大的白色家电制造商
- 全球最大的水电站
- 全球第二大汽车玻璃制造商
- 中国最大的汽车零部件制造商
- 中国第二大搜索引擎
- 中国第二大国际机场

尽管近年来我们在中国的投资取得了巨大的成功,但高观投资依然是着眼整个亚洲的价值投资者。如今,我们的投资组合约分配55%在大中华区,45%在亚洲其他地区,因为不断成长和成熟的不仅是中国,而是整个亚洲。随着亚洲的全面崛起,世界也发生了变化。

高观投资之声

PART FOUR
第四部分

THE VOICES
OF OVERLOOK

> 高观投资由一支目标明确的小型团队构成,以基于业绩的长期报酬为激励。只有高观的成功才是高管的成功。
>
> ——罗兰士

我们在本书中多次提到,是高观投资理念和商业操作创造了优于指数的超额收益,并几近确保能将超额收益切实交付给投资者。不可否认的是,最好的投资理念和商业操作皆有赖于执行。

说到高观投资框架的执行,有几大元素至关重要。

首先,香港的魔力始于香港人。他们从出生起就自带商业基因,拥有在变革中重塑自我的惊人能力,他们勤奋,对全球资金、资本和人才的流动有着天生的敏锐感。这些优势都得益于这座备受瞩目的全球化都市。虽然高观投资一半以上的员工来自海外,但我们所有人都被吸引到香港,因为我们有着许多共同的特质,这是纽约、伦敦或上海给不了的独特气质。

其次,我的同事们为高观投资的成功做出了巨大贡献。本书曾多次提到,虽然高观投资框架的核心组成部分由我构建,但全体同仁在其执行上功不可没。

高观投资的成功并非仅凭一人之力，我们是一个团队，甚至说是一个大家庭。本书的篇幅不足以表达我对员工们的敬意，对此我深感抱歉。

在这一部分中，我们将转换视角。除我之外，我还邀请史怀正、冯良怡和梁鸿标各选一个主题，撰写一章：

- "售股的艺术"由史怀正执笔。
- "与高观投资共进午餐：卢敏放专访"（卢敏放为中国蒙牛乳业股份有限公司原总裁）由冯良怡执笔。
- 高观投资顾问委员会成员专访"香港，我们的家"由梁鸿标主持。
- "环境、社会和治理：气候差异"由罗兰士执笔。

·第12章·

售股的艺术
——史怀正撰稿

管理风险的最佳方法是要了解你的投资对象。

——华尔街的一句老话

▶ 史怀正小传

20世纪90年代，我经常出席许多公司在香港的财报发布会，史怀正往往是除我之外在场的唯一外国面孔。坦率地讲，我并不是很想看到他，因为这里是我的地盘。我们一般会默认彼此的存在，但是从不交谈。这让我意识到，他是和我一样争强好胜的人。

后来，我们还是相识了，并很快达成共识：我们应该强强联合。我们来自不同的背景，受过不同的教育，但却对后来构成高观投资框架的一些基本原则有着天然的共鸣。

在从仁川机场打车前往首尔的途中，我便认定他就是高观投资要找的人。在这一个多小时的时间里，我们聊了很多关于20世纪90年代初我们共同持有的一些韩国公司的故事。这些公司包括：内衣制造商 Baik Yang、明胶胶囊制造商 Suheung、韩华集团（原名韩国火药）的房地产开发业务、已破产的上市航运公司兴亚海运，以及一家我们连名字都想不起来的男士染发剂公司。当时聊起这些失误与挫折，真是带给我们好一顿欢乐与自嘲。

在过去的 14 年里，我为史怀正能够担任高观投资有限公司的首席投资官而倍感荣幸。当我邀请高观投资合伙人各自撰写一章时，史怀正不出意外地选择了"售股的艺术"这一主题。他是我所见过的最擅长把握售股时机的人，这一章就是他的真知灼见和经验教训。

▶ 售股的艺术

大多数投资者都会同意，售股是投资的难点，而买入却简单得多，因为买入的动机显而易见，就是股价便宜。一旦投资上涨，难题就来了，为什么卖出、何时卖出、如何卖出等都是事关成败的问题。如果投资亏损，这些问题会出现得更早，而且也不容易解决。

在高观投资 2013 年 9 月的季度报告中，罗兰士提到了"售股的艺术"。在现实生活中，真理、道德和价值观不会轻易发生改变，但一个人对这些概念的理解可能会随着经验以及在这个瞬息万变的世界中立场的变化而有所发展。

有鉴于此，我们提出了一个售股新观点，卖出的五大理由也随之增为六个，我们还将更深入地探讨对"今日享明日价"的理解。

▶ 早期经验

在我早年在亚洲管理资金的经历中，不乏过早卖出优质投资项目的案例。其中最令我耿耿于怀的是德昌电机，这是香港一家生产微型电机的蓝筹股制造商。20世纪90年代初我在日本工作期间，接触到了其同行公司——万宝至马达。德昌电机的增长速度是万宝至的两倍，但估值却只有其一半。我们在1996年6月以4.8港元的价格投资德昌电机，3年后以21港元的价格卖出，当时的感觉相当不错。但其后该股却持续强劲上涨，股价最终在2000年6月达到最高点，每股超过50港元。

最让我感到丢脸的是，我居然在同一个地方跌倒两次，这次是另一家名为创科实业的香港制造商。1999年中期，我们以不到0.50港元的价格投资该公司时，它还是一只小盘股。我记得其创始人霍斯特·普德威尔（Horst Pudwill）曾来到我们的办公室，兴奋地展示他们新品刀具的多种用途，结果却把自己给割伤了。2002年6月，我们以2.60港元的价格将其卖出，并获得了不错的收益。然而，不知道为什么，我们并没有继续关注这家公司。直到2010年初，在经历了一次跌势后，以每股5.40港元的价格重新投资该股的机会出现了，但我们没有做好准备，摇摆不定，最终与这次投资机会失之交臂。后来，到2016年，买入的机会再次出现，但结果仍是又一次错失良机。如今，该股股价已高达139港元，而我也只能扼腕叹息！我想，人们对于某些股票就是存在心理障碍，而这显然既不理性，又容易带来悔恨。

虽然我们在德昌电机和创科实业这两只股票上都赚了大钱，但其实我们能得到的远不止如此。如果实在要为自己找个借口，那便是投资组合的过于多样化导致我们无法密切关注各个公司的发展，而在最需要胆量和洞察的时候，收益规模的猛增却让我们畏首畏尾了起来。

在加入高观投资之前，我并没有完全理解长期投资的真正力量。从那之后，我开始学着把握住投资组合中的绩优股，同时放弃那些相对弱势的投资。

坦白讲，其实我也有该卖出时却卖得太晚的情况。没有什么比明知已错过了最佳时机，但还要把股票卖出更无可奈何的事了。这时的股票就成了烫手的山芋，你会不惜一切代价将其抛售，结果刚一出手，股价就反弹了。为了避免这种结果，投资者的买入和卖出都应趁早。

选定正确退出节点的关键就在于，要考虑投资的生命周期。

▶ 了解投资：生命周期

在高观投资，我们最常说的两句话是："只有持有一只股票之后，你才能真正了解这只股票"，以及"管理风险的最佳方式，就是了解你投资的是什么"。

在每次开立新仓之前，我们都会先阐述投资框架，指出其中的机会和风险，并用高观术语，将投资分为以下几类：

- 一、二、三等企业
- 优越的周期性股票
- 防守型股票
- 金融类股票

投资者可以通过股票的类别对其生命周期有一个清晰的认识，并在心中形成由时间和回报构成的坐标轴。

如果对高观的"投资速率"进行描述，我们称之为"400/40/4"。这三个数字指的是分析师每年与 400 家公司会面，并进行 40 项重要研究，投资委员会每年完成 4~5 项投资。高观投资通常持有 20~24 只股票，因此如果严格按照该"速率"执行，投资组合大约每 4 年经历一次换血，而事实也正是如此。这自然会影响投资的生命周期，并促使我们将重点放在长期投资上。

▶ 售股的六大理由

基金经理售股的主要原因有六个。下面我将打破常规顺序，从应用频率最低的原因开始，由浅入深依次进行说明。

- 并购
- 犯错
- 投资组合空间有限
- 投资组合再平衡
- 投资观点发生变化
- 今日享明日价

下面我将逐一详述。

1. 并购

与西方市场相比，亚洲的企业变动往往来得并不那么猛烈。所有制结构、担保法、法律追索权和经营方式共同作用，造成了亚洲的并购交易数量相对较少。即使并购发生，少数股东也得不到很好的保护。因此，高观投资尽量避免可能出现并购的公司。

自2007年以来，由于企业变动而被迫出售的情况在高观投资仅出现过五次。

其中两个是在美国以预托证券形式上市的中国公司：奇虎和巨人网络。这两只股票后来都在A股市场重新上市，但其公司形态已经和我们之前持有时大相径庭。联钢精密科技和ARA（亚腾资产管理）这两只股票皆通过私募股权赞助的交易完成收购，因此只有在中国台湾上市的飞瑞股份有限公司是真正被企业收购的。

2. 犯错

根据我们的经验，错误通常源自人，而非企业。认识到自己对公司管理层的错误判断并非易事，人们总是习惯性地对管理层进行无罪推定。我们不断提醒自己，不能与"道不同者"共事，但却仍会犯错。这既让人愤怒，又易令人气馁。下面便是一个优秀企业被管理层阉割的反面案例。

大教（Daekyo）是韩国一家领先的教育上市公司，其持有的新韩银行股份价值与其自身的市值几乎相当。2007年，我们恳求创始人出售其非核心资产，并投资在线教育以补充其线下业务，但却被置之不理。于是我们卖掉了股份，勉强实现了盈亏平衡。全球金融危机席卷而来，银行业的金融资产价值被腰斩，而在线教育行业却一飞冲天。但至今该公司的股价仍低于我们卖出时的水平。

3. 投资组合空间有限

当投资团队的好点子超过了基金容量时，我们就不得不忍痛割爱一些项目。我们当然珍视每一笔投资，但却无法做到一碗水端平，因为其规模各不相同。每当发现一项优势明显的投资时，就必然要找出一个较弱的项目，为我们的"新欢"让路。

那要如何确定优质投资项目呢？最简单的方法就是将新项目的投资特性与现有的投资组合进行比较，更进一步的话，可以将其与相关的高观投资层级进行比较。最后需要考量的是投资组合效用（说白了就是多样化收益）。

可以这么说，最能让高观投资委员会开心的事，莫过于投资组合因为一只股票的强势进入而获得了提升。我们还从未为任何一只因此出局的股票感到过惋惜。

4. 投资组合再平衡

再平衡需要考虑多方面因素。在高观投资，按兵不动往往比疯狂交易赚的钱更多，这让我们的股票经纪人感到非常恼火。与许多基金经理不同，围绕头寸进行交易只是我们工作的一小部分。相反，通过"层级"了解每项投资的生命周期非常重要，这有助于制订适当的交易计划。

在讨论大型（通常是前五大）投资组合头寸时，再平衡最容易理解，也最能产生正向的投资影响。这些盈利大户往往一路高歌猛进，我们对减持绩优股一直持谨慎态度，因为我们意识到，投资回报通常来自相对较少的几只股票。

再平衡也可以单纯是为了应对未来的不确定性。2013—2014年的奇虎就是这样一个例子，我们曾数次成功在股价高位减仓。而年中的业绩却出乎意料地不尽如人意，股价也随之疲软。之后，公司提出了令人失望的私有化要约。退市过程一波三折，直到2016年中期才完成。在此期间，股价比我们两年前卖出时下跌了25%。

再平衡也可以是一种"疏解方式"。高观投资发现，2012—2013年的CP All便是如此。再平衡促成了最初的售股决定，通过打破情绪障碍，让原本艰难的卖出决策变得更轻松，就好像是在说："我们不是抛售，而是再平衡。如果股价下跌，我们可以再买回来。"

而经常被忽视的一点是，再平衡鼓励投资者更长时间地持有头寸。适当调整规模的过程延长了持有股票的时间，从而在更长的时间内获得更大的收益。我们在某企业持续了20多年的投资便是一个范例。我们撤出了一些资金，然后又加了回来，但如果不是因为再平衡，我们很可能会卖出全部仓位。如果不进行再平衡，高观投资者在最初确实会获得更高的回报，但随着股价涨到了令人始料未及的高度，所损失的长期收益会远远大于短期的回报。

5. 投资观点发生变化

在执行每项投资之前，负责相关股票的分析师都要撰写一篇投资框架论述，在一页纸的范围内阐明投资的理由。其重点在于长期趋势，而非周期性变化，因此应以面代点。这样做的目的是保证信息的公开透明，如果我们言中了，自然可喜可贺，而如果股票因为没有预料到的原因而上涨，那只能算是撞大运，我们不会为了迎合结果而反推论述。

　　投资观点变化是售股的理由之一，而出现这种情况主要是出于三个原因：

（1）发生小概率事件："关键风险"部分的投资论述将包括对小概率长尾风险的描述。投资决策也许是好的，但如果事件被触发，结果就会变糟，甚至可以说是不幸。我们时常会有这样的遭遇。

（2）改变策略：企业是有生命的实体，因此会随着时间的推移而持续变化。正如我们的亲身经历所示，这些变化并不总是正向的。我们努力与管理层保持密切联系，旨在确保我们不会因为新业务部门的启动或类似的情况而措手不及。我们显然更青睐简单、专注的企业，因此当建滔集团在 2010 年决定多元化经营，将房地产业务注入上市公司层面，而非保持私有化状态时，我们倍感失望。不到一年，我们就卖掉了建滔，结束了 10 年来的良好合作关系。

（3）糟糕的公司交易：没有什么比听说我们持有的某家公司支付了过高的价格、进行了过度分散的投资或进行了可疑的关联方交易更让人震惊的了。恐惧、冷汗和愤怒都是这些消息所带来的后遗症。CP All 在 2013 年 4 月收购万客隆就是这样一个例子。正大集团（CP All 母公司）在亚洲金融危机期间被迫出售的这项业务在当时获得了顶格的收购估值。这项收购让 CP All 的资产负债表从原本的净现金变为 4.5 倍 EBITDA 的净债务！此外，该公司是高观投资当时最大的持仓，曾经也深受高观投资的现代金融技术影响。

我们深刻地体会到了什么叫"计划赶不上变化"，而做出适当的反应至关重要。而且，我也越来越认同已故母亲常说的一句老话："小洞不补，大洞吃苦。"

6. 今日享明日价

我们将"今日享明日价"定义为，市场所给出的价格大大高于我们认为的该物品的合理价值。不出售的理由可能非常正当，比如该物品不可替代，或者具有很高的情感价值。就股票而言，我们把"明日价"看作市场反映了过于遥远的未来的价值：至少两年，但超过3年也不罕见。

当一个人能够"今日享明日价"时，贪婪往往战胜理性，阻止潜在的卖家进行交易。贪得无厌的欲望压制了理性的思考，以前可以接受的价格再也行不通了。以我的经验来看，住宅地产卖家最能体现这种非理性的销售行为。

有时，市场会被投机性地疯狂高估，例如1929年、2000年和2008年的华尔街。这种情况一般会以残酷而痛苦的崩盘告终，留下心理上的投资创伤。然而，在狂欢进行得如火如荼时退出并不容易，与牛市对赌相当危险。著名经济学家凯恩斯指出："市场保持非理性的时间可能比你保持偿付能力的时间更长。"此外，我们在高观投资内部常开玩笑说，在过去两次市场崩溃中，我们预测到了8次。

高观投资将牛市后期的表现不佳视为一种荣誉。在这种时候，执迷不悟的人在赚快钱，而我们认为，钱是需要慢慢赚来的。投机性最强的股票在高峰期表现出色，但由于我们格外谨慎，并自豪于不被过度投资所诱惑，因此几乎不可能在这种时候获得超额收益。这正解释了高观投资者在 2007 年表现不佳的原因，当时在市场正汹涌澎湃之际，我们已卖出了部分股票。

然而，随着 2008 年股市的暴跌，我们在随后几年里成功追回了之前落后大盘的业绩表现。1998—2001 年也曾出现类似的情况和结果。

▶ 生命周期与售股

在本章的"了解投资：生命周期"一节中，我们曾讲到层级的重要性。现在，我们将介绍适用于三等企业、优越的周期性股票和一等企业的心理模型，而这三个类别代表了我们售股的基本逻辑。

三等企业

三等企业就是巴菲特所说的"雪茄屁股"。这些企业是我们最不看好的投资类型，在账面上的占比基本不超过 6%（1~2 个仓位）。我们通常以非常低廉的价格买入，并计划以低廉的价格卖出，因为我们深知，长期持有不会有什么好结果（见图 12-1）。这类头寸在我们手中的时间绝不会超过 36 个月。如果钱来得快，实现了内部收益率，我们就会向下一个投资进发。

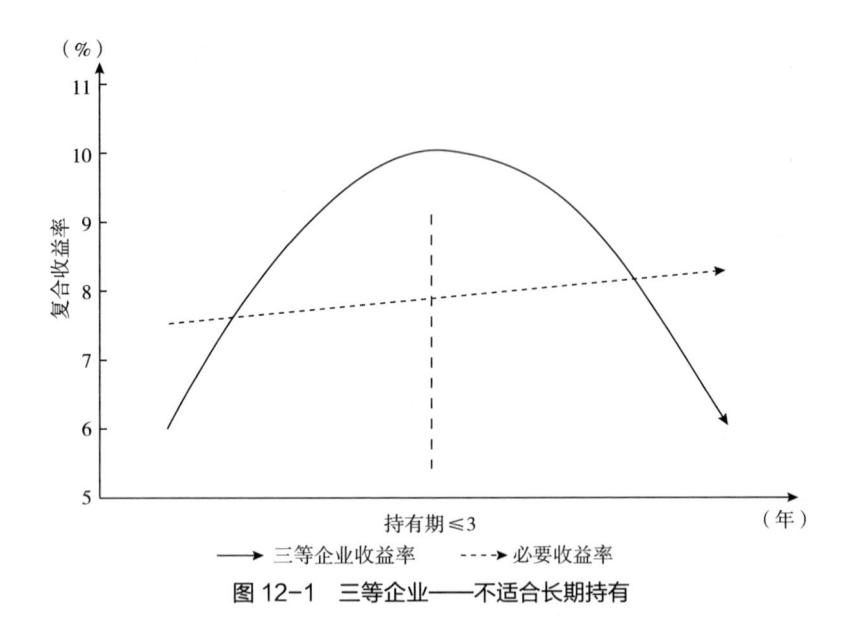

图 12-1 三等企业——不适合长期持有

优越的周期性股票

优越的周期性股票是指那些能产生高经营回报、所需固定资产和营运资本投资有限，但具有周期性的公司。因此，其市盈率往往低于那些投资回报类似但更稳定的股票。盈利波动带来了机会，但投资者需要避免在周期中的错误阶段买入。10%~25%的账面资金（3~6个仓位）可用于投资此类股票。

对于优越的周期性股票而言，持有期的长短在很大程度上取决于商业周期（见图12-2）。穿越多个周期持有这些股票的情况是存在的，但更有可能发生的是头寸被卖出，并等待着在下一个商业衰退期到来时再重新买入。

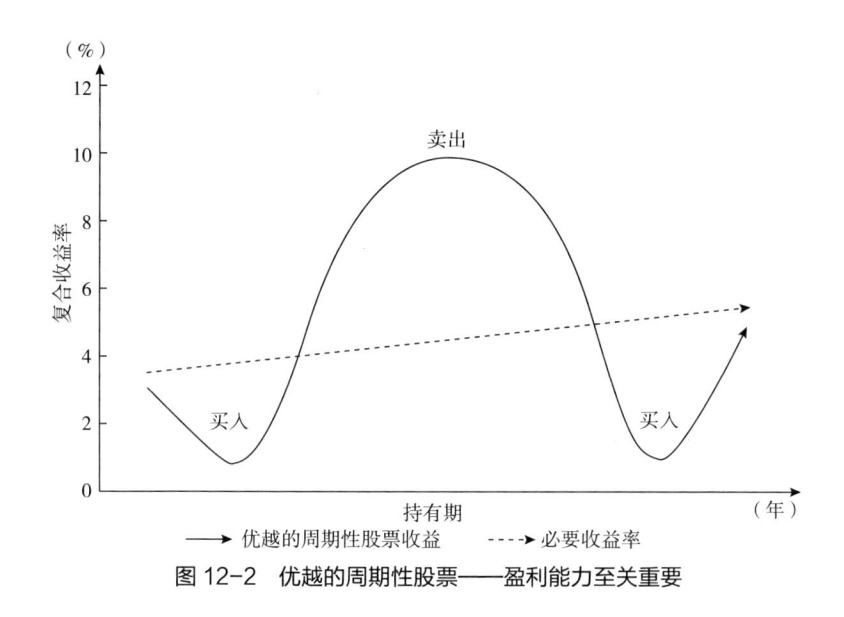

图 12-2 优越的周期性股票——盈利能力至关重要

顶级手套是高观投资优越的周期性股票的一个经典案例。这家马来西亚上市公司是全球乳胶手套制造业的翘楚，由丹斯里林伟才执掌，在马来西亚拥有广阔的橡胶种植园，因此在采购乳胶方面极具竞争优势。高观投资在2004年抢占了先机。橡胶价格与经营利润率呈反比，而顶级手套的每件产品赚取固定费用（滚动利润率）。因此，当需求旺盛而橡胶价格较低时，就能获得暴利。而2010年正是如此，当市场将当前利润率线性外推成永久性利润时，我们趁机出售，较初始成本赚取了3.5倍的盈利。

ASM太平洋是另一只优越的周期性股票，曾被出售和回购4次，这在高观投资的历史上独树一帜，产生的综合内部收益率高达117.9%。该公司生产与半导体行业密切相关的后端测试设备。长话短说，我们对ASM太平洋的盈利能力（公司每股收益）深信不疑。这使我们能够在市场低迷的情况下对公司业务进行冷静估值。此外，在上行周期中，当股票经纪人（通常刚刚接触ASM

太平洋）根据其高峰期盈利情况而将公允价值上调数倍时，我们也能坚守估值而不随波逐流。

一等企业

一等企业是一项比较特别的投资，因为时间站在投资者这边。其特点是回报率极高、资本密集度低、议价能力强、"护城河"坚固，而且现金流充足。我们需要牢牢抓住这些宝藏企业，其持有时间能够无限延长（见图12-3）。但问题是，能被列为一等企业的公司数量少之又少，我们力求让一等企业在账面上占尽可能大的比重。

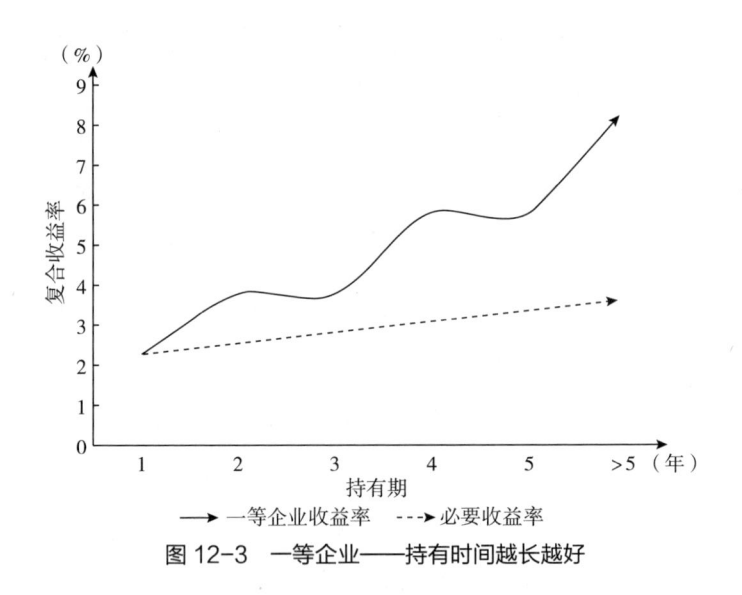

图 12-3　一等企业——持有时间越长越好

一等企业最有可能进行再平衡。当股价增长高于盈利增长时，减持不失为明智之举，然后等待盈利增长，消化估值过高的部分。

带着回购想法卖出的情况并不多见，因为如果市场认识到了价值，就不会折价售股。因此，最优解就是以公允价值买入这些绩优股，长期持有，然后享受复利的魔力。多年来，高观投资报告过的一等企业包括印度尼西亚联合利华和网易等。

需要注意的是，企业可能在不同层级之间转换，且下行多于上行，而这也正是抛售一等企业最常见的原因。降级背后的原因是多方面的，包括增长速度的大幅放缓、业务格局的变化、投资主题的转变以及技术淘汰等。

▶ 结语

出售一项投资取决于我们对它的理解。相关的风险决定了投资的生命周期各不相同，而清楚时间站在这项投资的哪一边是至关重要的第一步。有了这一洞察，我们就能制定适当的退出策略。高观投资的分级系统旨在帮助做出正确的售股决策，因此我们将其纳入高观投资框架中。

没有哪种方法能做到无懈可击，但我们相信，高观投资框架将带来更大的胜算。我们不想为了错失的收益而自寻烦恼，因为一个人不可能次次都赶上股票的顶部，反之底部亦然。据传，罗斯柴尔德勋爵在被问及如何变得如此富有时，回答说："把最后的10%留在桌上。"

· 第 13 章 ·

与高观投资共进午餐：卢敏放专访

——冯良怡撰稿

如果你不能坚定地持有手中的赢家，
那么你连为输家下注的本钱都不会有。

——杰克·施瓦格（Jack Schwager），
《金融怪杰》

▶ 冯良怡小传

冯良怡是高观投资有限公司的合伙人以及投资委员会的成员，她具备了从事基金管理行业所需的各种特质。与我显而易见的争强好胜不同的是，良怡把微笑、礼貌和关怀带到了高观投资的各个角落，甚至让人忽略了她的干劲和专注。但公司的高管不会因为良怡的亲和力而低估她的实力，反而会更容易对她建立信任和信心。他们需要了解的是，她非常自律，并有着成长型思维、孜孜不倦的职业精神、百科全书式的记忆力以及对高观投资框架坚定不移的承诺。良怡凭借出色的判断力和直言不讳的态度，成了高观投资内部及外部企业高管的绝佳决策咨询人。我们所有人都认为，她的加入对于高观投资而言如获至宝。

当我问到她想写些什么时，冯氏版的《与FT共进午餐》[1]让我眼前一亮。

---

[1] FT表示《金融时报》。——编者注

▶ "有了增长，就有时间解决问题。"

中国内蒙古蒙牛乳业股份有限公司原总裁、"高观名人堂"成员卢敏放在经受了史无前例的新冠疫情和原奶供应通胀双重压力的一年里，带领公司迅速复苏，并为未来的长期增长奠定了坚实的基础。我一边吃着咖喱鸡和意式奶冻，一边听卢敏放分享他对领导力、东西方差异以及如何推动长期可持续增长的看法。

由于疫情，我与卢敏放的午餐会在线上举行。开始之前，我正在给我的咖喱鸡做最后的处理，然后给奶冻涂上红枣泥。我与他的助理约好了日期和时间，但并不知道他的用餐地点和菜单。我觉得我应该吃一些我们投资的公司的产品，于是用蒙牛乳品制作了咖喱鸡和奶冻。

中午 12 点过后不久，卢敏放从他的北京办公室发起了视频通话。他是一个足球迷，在他身后的墙上挂着两件镶框球衣，其中一件是由梅西亲笔签名的阿根廷 10 号蓝白队服。作为蒙牛的超级明星和有团队精神的主力队员，卢敏放的角色与足球场上的梅西并无二致。

我们的第一次见面是在 2016 年 3 月的一次早餐会上。那时卢敏放还是婴儿配方奶粉公司雅士利的首席执行官，蒙牛持有其 51.4% 的股份，而我们刚刚成为蒙牛的股东。尤其让我印象深刻的是，他准确地抓住了雅士利所面临的关键问题，并提出了明确的解决策略，我相信蒙牛董事会对此也一定深有同感。6 个月后，面对蒙牛核心业务表现不佳、股价萎靡不振的局面，卢敏放临危受命，出任企业总裁。

他设立了一个每年收入增长 20% 的高目标，而这是蒙牛前 3

年增长率的两倍，许多人对这一雄心壮志持怀疑态度。然而，在此之后，卢敏放实现了令任何一家消费品公司都难以望其项背的收入增长和利润率提高。

当我请他谈谈如何实现这一逆转时，他毫不犹豫地回答道："团结一致。"

他解释道："我（从上一届高管层那里）得到的最大收获就是，我们拥有一支步调一致的、强大的领导团队。无论是在领导层还是业务部门，大家都齐心协力，从上到下保持着明确一致的目标。我们劲儿往一处使，这是最大的收获。"

"如何保证一致性？"我问道。我想听到切实可行的解决方案，而不仅仅是管理套话。

"我和团队从一起制订战略计划入手，首先就应该做什么的问题达成了共识。"他停顿了一下，以强调下一点，"然后，最重要的就是选择适合的人加入高管团队。在最初的6个月里，我更换了12位高管中的11位。这是向整个企业发出的一个重要信号，推举出公认最适合企业的领导者。当每个人都对领导者表示认可以后，从上到下的沟通就容易多了。"

我点头表示认同。卢敏放在打造一支团结一致的团队上花了很多心思。他补充说道："当你制定了一个策略，就必须建立团队思维，真正地像一支团队那样行动。我们一起做决定，一起承担责任，但同时也各司其职，完成我们应该做的事情。"

我突然发现，这与罗兰士制定高观投资决策时经常说的话极为相似。我们是以一个团队来做决定的：如果出了问题，我们共同承担责任，而不是相互指责。

卢敏放的管理理念从何而来？在他分享职业生涯时，我恍然大悟，他其实一直见证着中国过去30年来不断演变的管理实践。鉴于蒙牛的主要股东是达能和中粮集团，我故意问了一个颇具深意的问题："你认为自己是连接东西方的桥梁吗？"

他巧妙地回避了这个问题，开始向我介绍在华的西方企业和中国企业的发展史。"两者之间存在巨大差异。时间尺度非常有意思。"他说道。

也许大多数人都不知道，卢敏放大学毕业后的第一份工作是在一家国有制药公司从事研发。他拥有遗传学和生物化学学位，梦想是成为一名科学家。卢敏放回忆说，在那家国有企业，他每天只工作两三个小时，节奏缓慢，员工也没有积极性。当时的他被跨国公司的创业环境所吸引。

"跨国公司的第一代领导人来到中国后，带来了很多中国所缺少的销售、营销、领导力和企业管理方法。他们行动迅速、决策果断，你能感受到他们充沛的活力。"

于是，卢敏放跳槽到了GE（通用电气）医疗的中国分公司，他认为那里是一个"优秀的领导力和销售培训基地"，之后他在强生公司工作了9年，后又转到达能公司任职11年，并带领该公司在中国的婴儿保健品业务走向成功。在其职业生涯的大部分时间里，他明显更青睐西方的公司和管理方法，也支持儿子前往纽约大学斯特恩商学院主修心理学和商学双学位。但如今，他发现跨国公司已经从创业型企业演变成了发展相对缓慢的机构。

"当时，欧美在消费趋势和创新方面非常先进。如今，中国的发展速度非常快，如果只是单纯套用欧美的思维，那么你在中国很难立足。"他调侃道，"吸引我们从跨国公司转向本土企业的是激情、速度，以及在机会出现时便可以立即做出的决定。"

卢敏放这样解释他的行为:"像蒙牛这样的公司正在迎头赶上,并不断学习。我们把从跨国公司学到的东西与自身情况相结合,于是公司治理有所改善,但我们仍然保持着快速、创新和激情。"蒙牛的领导团队有一半人出身跨国公司,其他人则是从蒙牛内部晋升而来的。

他还说了一句耐人寻味的话:"本土公司的领导不会过于民主。有时,太多的民主也会让事情变得非常、非常困难……"

我借机向他请教如何管理蒙牛集团中的中西利益相关方:"都存在哪些分歧呢?"他回答道:"总体战略是一致的。"在加入蒙牛之前,卢敏放花了四五个月的时间制定策略,以达成股东和董事会之间的共识,而分歧出现在投资期限上。"中粮看得更加长远,因为我们认为我们能做一些对中国有益的事。"他解释道,"在考虑重要战略时,我们总是会提醒自己,要在中国发挥作用,而这一作用需要长期投资。"

"相对而言,达能和其他股东更注重短期效率和运营改进。它们在一定程度上是互补的。"对两大股东的正面评价凸显了他的高情商。

接下来,我将目光转向卢敏放刚上任时所强调的三大关键领域的改进潜力:"如果从 1 到 10 打分的话,各领域的进展如何?"

"采购和提高运营效率是我们的首要任务,这些都很容易实现。我们现在在这方面做得非常非常好,我会打满分。"

接下来是通过品牌和创新推动增长。"有了增长,就有时间解决问题!"蒙牛每年销售 300 亿包产品,因此物流系统已经到位。他们正着手研究能够推动高端化的"引擎"(如更多的营养和功能成分等）。

然后是市场渠道。卢敏放解释说，解决市场渠道问题就必须对整个系统进行改革，这需要大量的时间和操作空间。例如，如果砍掉一个分销商，就会损失一个月的分销商销售额。"但是，如果你有强大的品牌和创新能力，随着增长，你就有时间来完善市场渠道。"这就是卢敏放在解决运营问题时逻辑清晰的路线图。

他认为，蒙牛在其他两个领域上的进展分别为 75% 和 50%。"我们有清晰的路线图，我们知道转型需要多少时间。"

我开始将话题引向蒙牛仍需努力的领域。在环境和可持续发展问题上，虽然蒙牛与国内同行相比已经处于领先地位，但放眼全球仍存在较大差距。"蒙牛在减少碳排放方面的目标和进度如何？"

卢敏放承认这是他们亟待解决的一个领域，蒙牛正致力于通过技术和数字化手段予以应对。在谈到他们是如何从原料奶采购、生产到物流等环节入手研究碳足迹时，他的手势变得生动起来。

"到 2021 年底，我们将准确了解每项活动的碳足迹。通过数字化系统，我们能知道适合每头牛的最佳饲料，从而提高养殖效率。"说着他喝了一口柠檬水。

鉴于甲烷的温室效应比二氧化碳更强，我向卢敏放提出疑问：乳制品行业是否会步化石燃料行业的后尘？饲喂系统是他们的关注重点："奶牛的益生菌也很重要。"他们正着手研究益生菌，以显著改善奶牛的消化系统，从而减少甲烷的产生。"真有意思，而且完全在理！"我不禁感叹道。"既然人类通过食用益生菌能改善肠道健康，那么将其应用到动物身上也完全行得通！"

卢敏放继续说道,"植物性产品是另一个领域。我们正致力于仿造牛奶的味道,开发以植物为原料但味道与牛奶无异的产品。合成生物学领域也出现了很多有关蛋白质设计的新技术……"

卢敏放的科学背景与他在蒙牛专注于利用技术推动产品创新并推进环境和可持续性的改善完美契合。在蒙牛,环境、社会和治理问题与长期战略紧密相连。

考虑到时间有限,在结束之前,我问卢敏放对高观投资的印象如何:"高观投资与您接触过的其他投资者相比有什么不同吗?"

他很爽快地说出了他的第一印象:"第一点显而易见,你们寻求的是长期关系,这一点很重要。其次是你们真正着眼于未来,不只在乎眼前的业绩,而且关注公司在战略和团队方面将如何长期发展。"

高观投资成立30周年在即,我问道:"您有什么意见和建议,能够帮助我们在未来几十年继续保持成功?"

卢敏放微笑答道:"中国蕴藏着巨大的机遇。亲自到中国看一看,了解中国发生了哪些变化、市场将走向何方、发展速度如何等非常重要。"

他补充道:"高观投资应该在中国内地开设办事处。"我向他询问了有关办事处城市选择的问题,并认真地考虑了他的建议。

我们的访谈持续了很长时间,我注意到他还没动他的饭菜。我们约定下次见面时一定要一起正式吃一顿午餐。而我一直投入在我们的谈话中,也几乎没怎么吃饭。通话结束后,我品尝了用蒙牛纯甄酸奶代替椰奶烹制的咖喱鸡。味道依然正宗,不过如果蒙牛能推出更浓稠的希腊式酸奶,那么口感会更好。我不断思考着蒙牛在面对未来餐饮业市场时的产品机会，并想象着蒙牛植物奶的味道。

▶ 菜品

- 用蒙牛纯甄酸奶自制的咖喱鸡：2 港元。
- 用蒙牛特仑苏纯牛奶和早餐红枣牛奶制成的意式奶冻：2 港元。
- 温柠檬水。

图 13-1　菜品

·第14章·

香港，我们的家
——梁鸿标主持

香港回归祖国，在我们的手里搞坏了，我们岂不成了"民族罪人"？
不会的。

——朱镕基，《朱镕基讲话实录》（第四卷）

▶ 梁鸿标小传

梁鸿标是高观投资有限公司的合伙人以及投资委员会的成员。提起鸿标，我最大的愿望就是能像他一样，这不仅是因为他比我年轻了将近 25 岁。他是亚洲上市公司的百科全书，对投资机会之间的细微差别有着独到的见解，而这些细节往往决定着成败。

作为香港本地人，鸿标在霸菱资产管理（亚洲）有限公司进行暑期实习期间，亲身经历了 1997—1998 年的亚洲金融危机和 2000 年的互联网泡沫破裂，并在那里第一次认识了史怀正。

鸿标有着超过 20 年的投资经验，他在中国内地的宝贵经历让高观投资受益匪浅。他言谈温和，精通投资，对选股充满热情，阅读家中收藏的大量金融历史书籍和公司年报是他最爱的周末消遣方式之一。

鸿标建议以"香港，我们的家"为题，由他与顾问委员会成员展开一场小组讨论，作为书中的一章。关于香港的文章浩如烟海，听听那些在香港生活了几十年、积累了丰富的智慧和见解的人的看法，也许可以开拓新的视角。他们亲身经历了香港的现代史，我很高兴他们愿意与我们分享自己的见解。

▶ 小组成员

首先，让我来简要介绍一下我们的小组成员。

麦嘉华博士是《股市荣枯及厄运报告》的作者。过去 40 年来，他一直是亚洲最多产的全球金融市场评论家。麦嘉华是一位真正的独立思想家、本能的逆向思维者、成功的投资者以及慷慨的慈善家。毫无疑问，如果没有他 30 年前的支持，便没有高观投资今天的成就。每年我最期待的一餐，就是在高观顾问委员会年会的前一晚，我们在君悦酒店的晚餐。自公司成立以来，麦嘉华就一直是高观顾问委员会的成员。

霍广行是香港杰出的选股人之一。他的投资风格将创意、对公司的详细了解、对深层价值的关注以及耐心相结合。我在 35 年前认识了霍广行，并很快发现他的实力不容小觑。在过去的几十年里，我生活中的一大乐趣就是与他在旧中银大厦内的中国会餐厅共进午餐，一起畅聊股票。霍广行自 2002 年起加入高观顾问委员会。

大卫·霍尔珀林（David Halperin）是香港的资深美国律师之一，在香港生活了 40 多年，曾任高特兄弟律师事务所的合伙人，该律所是香港优秀美国律师的聚集地。我第一次见到大卫是在 30

年前，当时我正靠在高特兄弟的复印机旁，等着复印我的法律文件，第二天我将开启高观投资的首次海外营销之旅。大卫在香港曾为数百名年轻人提供指导，其中便包括阿里巴巴现董事会主席蔡崇信。大卫会在他的精装公寓内举行周中晚宴，把一群有趣且不拘一格的人聚集在一起，而我也借此机会与他有了多次交流。大卫自2004年以来便一直是高观顾问委员会成员。

李国星。37年前，我初到香港，加入了布朗大学在香港新成立的俱乐部，并在那里认识了李国星。我很快就发现，这位投资银行家是香港最儒雅的绅士之一。我曾几次受邀到他在跑马地赛马场的私人包间里，共度星期三的赛马之夜。随着时间的推移，他毫无意外地成为我感兴趣的几家公司（如大家乐）的董事会成员。李国星是高观投资最忠实的朋友之一，多年来为我们提供了很多好建议，自2002年以来一直是高观顾问委员会的成员。

麦龙俊。我第一次见到麦龙俊是在35年前，当时我们都在第一太平特别资产工作。他在会计部门，享受外籍人士待遇，而我在投资部门，需要自己付房租。分别多年后，当高观投资的一位首席财务官候选人拒绝了我们的职位之后，向我推荐了他。这就是我与麦龙俊并肩工作缘分的开始，他在高观投资出任了12年的首席财务官和首席执行官。自从他入职以来，便开始在会议室吃午餐，然后越来越多的人加入进来，我们便就当天的时事展开热烈的讨论。这一传统成了高观投资企业文化的一部分，一直延续至今。麦龙俊还是"麦龙俊谈判法"这一实用技巧的创始人。从高观投资退休后，他开启了作为慈善家的第三个职业生涯。自2018年以来，麦龙俊一直是高观顾问委员会的成员。

图 14-1　香港风景

▶ 香港，我们的家

梁鸿标：过去的 50 年是香港的繁盛时期，这座城市已发展成为亚洲重要的国际金融中心。

世界上没有任何一座大都市在 50 年内经历了如香港一般的兴衰：20 世纪 70 年代的石油危机、1987 年的股灾、1997 年的回归、1997—1998 年的亚洲金融危机、2003 年的非典、2008 年的全球金融危机以及最近的社会事件。

然而，这座城市在艰难时期仍然持续蓬勃发展，彰显其韧性。是什么让香港在经历了多年的变革和挑战之后依然成功？

广行，从你开始可以吗？

霍广行：当然可以。谢谢，鸿标。

我想说的是，香港一直是人们聚在一起赚钱的地方，因为低税、法制健全，而且我们是中国的一部分。

此外，港元对美元的固定汇率也为金融稳定提供了巨大帮助。

梁鸿标：说得对！大卫，你的看法呢？

大卫：第一，是香港的职业精神。银行、律所和企业都在星期六开门营业，这一直让我印象深刻。星期六工作在全球的大部分地区是不可能的。香港是一座勤奋的城市。

第二，这里没有外汇管制，因此资本可以自由流动。

第三，少有贪污腐败。廉政公署在1974年成立，让香港的腐败现象大为减少。

第四，香港是吸引外国人来远东寻求财富的地方。香港是中国唯一以英语为官方语言之一的城市。

麦龙俊：我认为香港的职业精神是最重要的。我从伦敦来到香港，立刻注意到这里的人在晚上7:30—8:00才离开办公室，星期六上午也要工作。

梁鸿标：香港人走路非常快，就像在跑步一样。

一秒都不能浪费。在职业道德方面，我还想加上诚实和正直。

李国星：地理位置也非常重要，香港毗邻中国内地，四五个小时的飞行航程就能到达十多个亚洲国家。

我认为另一个主要因素是香港的自由贸易环境吸引了众多企业家，香港一直吸引着来自世界各地的人才和企业。这里的人都很有商业头脑，在这里做生意很容易。

在20世纪90年代，中国意识到内地企业需要专业知识和资金的投入，而香港正是最佳选择。说这是运气也好，命运也罢，香港就是在正确的时间出现在了正确的地点。

麦嘉华： 我认为香港的体制是一个巨大的优势。在香港特区政府极少干预的情况下，香港拥有高度的创业精神，人们愿意努力工作和做生意。我认为，这是香港繁荣的一个非常重要的因素。

对于来到亚洲的外国人来说，你想被派遣到哪里？台北？首尔？新加坡……很多地方并没有什么特别之处。但香港有着优越的地形、大海和港口，是一个令人惊艳的美丽地方。

▶ 香港的独特魅力

梁鸿标： 我是香港本地人，在这里出生和长大，之后前往加拿大和美国求学。回首往事，为了家庭和事业，我毅然决然地回到香港，这是我人生中最正确的决定之一。

香港的成功离不开外国人才的贡献，我一直对外籍人士的个人经历充满兴趣。当初是什么吸引你来到香港，而你又是为什么留了下来？

麦嘉华： 因为我意识到了亚洲和香港的经济潜力。西方国家有着严格的监管，而香港是一个自由交易的地方，拥有极大的自由度，愿意努力工作的人就能得到回报。

住在香港，可以轻易触达整个亚洲。香港是亚洲的中心，也是定居的好地方。

我刚来的时候，亚洲非常贫穷。而现在一切都变了！基础设施、商业自由度和经济增长都在向前迈进。

从我抵达香港那天起所有的一切，甚至包括乘坐天星小轮过港，都是不可思议的经历。不仅是香港，整个亚洲都令人难忘。

霍广行：这有赖于中国的改革开放。我记得曾有美国客户对我说，中国就像美国的狂野西部，非常令人兴奋。我的分析师一直说，钱就像是从天上掉下来的一样。

大卫：对我来说，来香港就像是一次冒险，比留在纽约、成为大律所中二三百名律师之一更有趣。这种感觉就像在开疆拓土。香港不仅毗邻中国内地，也是一个容易生活、做生意的地方。

在20世纪80年代，我曾负责处理向亚洲各国政府和企业提供的数百笔贷款的相关文件。能够站在为亚洲经济增长融资的最前沿，我感到非常兴奋。

麦龙俊：1986年，我在伦敦获得安永会计师事务所的特许会计师资格后，得到了到海外工作两年的机会。我选择了香港。我和妻子以前从未到过远东，这里的一切都是新的。抵达的第一天，我们在海港散步，被这里的感觉、活力和激情所震撼。

到了该回去的时候，我和妻子都觉得伦敦不再适合我们了。

梁鸿标：香港的夜景实在太迷人了。我想起罗兰士曾讲过一个类似的故事，在他和丽尔要去中国内地旅行4个月的前一晚，他们走到维多利亚港，同样意识到他们不会再回美国了。

大卫：香港也是全球最安全的城市之一。

霍广行：东京、台北、新加坡和香港是世界上最安全、最现代化的4座城市。

李国星：我在1980年毫不犹豫地搬回香港。我喜欢这里自由创业的氛围，喜欢这里勤奋工作的商人。香港的超高效率是全世界首屈一指的。对于外籍人士来说，本地文化及地区文化的体验也很有趣。西方人很快就爱上了香港。

20世纪80年代中期，我所任职的华宝投资正竞标一家大型贸易集团的财务顾问。该集团董事长是香港人,但不会说英语。我们准备了一份演示文稿,甚至还从伦敦请来了一位公司高层参加会议。我当时是会议的翻译,刚一开会,这位董事长就对我们的外籍董事总经理说:"我喜欢你的面相。从风水学上讲,你长了一张诚实可靠的好脸。就是你了。"会议只持续了15分钟。这是当时不同文化碰撞的典型案例。

▶ 香港的未来

梁鸿标:1997年香港回归中国后,许多人为香港的未来感到担忧。末日论者曾预言香港会消亡,和他们之前在20世纪八九十年代做出的预言如出一辙,但事实证明他们错了。

李国星:我认为最大的变化是中国的影响力越来越大。回归前,香港基本上是一个相对较小的地区金融中心。1997年后,香港成为国际资本进入中国的桥梁,这为香港带来了巨大的发展潜力。

与此同时,随着中国的开放,上海成为内地主要的金融中心。香港现在的角色是中国的国际金融中心,这一角色应该不会变。香港仍然是吸引国际投资和外国人才的主要渠道。

凭借资本的自由流动、法治和多元化的人才储备,香港仍然拥有不可替代的优势。但我们需要把手里的牌打好,不能停滞不前。

香港的风险?收入不平等。本地年轻人在事业发展上感到挫败,他们买不起房,为了让人们留下来,香港必须证明自己是一个在定居、工作和建功立业方面仍具有吸引力的地方。香港在20

世纪 80 和 90 年代做到了这一点，但我们必须再次证明。

麦嘉华：从专业角度来看，我对香港很有信心。我认为机会依然存在，但与以往不同。在生活和商业中，总有一些门会关上。一扇门关上了，你就必须打开另一扇门。这是一个有关态度、终身学习以及未来信心的问题。

如果说我有什么遗憾，那就是没有学好普通话。要在香港工作，你必须能够用普通话流利地与内地人交流。

梁鸿标：听起来你对香港的未来持积极态度，但是有一个前提？

麦嘉华：是的，我是这么认为的，前提是香港人要意识到香港地位的改变，不要再生活在"中国内地需要香港"的思维模式中。我一直说，中国内地不需要香港，是香港需要中国内地。

▶ 人们会离开香港吗？

梁鸿标：香港曾有两次人口外流时期——1967 年社会动荡之后和 1997 年回归之前。有传言说，在 20 世纪 80 和 90 年代，有多达 10% 的香港人口移居国外，尽管许多人后来决定迁回香港。

最近的社会因素将会对可能到来的移民潮产生多大影响？潜在的移民人口比例会是多少？为什么？

大卫：我猜有 5%~7% 的人会决定离开。我认为那些离开的人会被有才能的中国内地人所取代，他们会选择搬到香港。

麦嘉华：我认为会有一些人离开，可能占到 10%~15%，但也会有同样数量的人来到香港。

离开的人将是那些抱怨高房价和体制的人。总的来说，我认为这对于人口的年轻化而言是有利的。

麦龙俊：不会超过 5%。我认为香港人是务实的，他们会适应新的现实。我觉得不会发生大规模的移民潮。

霍广行：我会说是 7%，5 年内会达到 50 万人。人终究是会变的。一些年青一代会成为新加坡人。或者，他们去了英国或美国，就会变成英籍华人或美籍华人。

李国星：我认为是 5%，但相较于 1997 年的移民潮而言更为平缓。人们那时很恐慌，但这次不会。很多人都有体面的工作，不会就这样打包走人。年轻人正在观望，并保持警惕。此外，民粹主义和美国等其他国家的职业前景也会成为阻碍因素。

现在与 1997 年相比的一大不同之处在于，中国内地企业在香港的业务规模要大得多。中国内地企业纷纷在香港设立国际总部，这里是处理国际业务的理想之地。这样的情况已经发生了。最近报纸上有文章称，国有企业华润集团为其驻港员工购买了 50 套公寓。

梁鸿标：我猜不到 5%。我对香港房价的韧性感到惊讶，特别是在过去的两三年里。这种韧性将成为未来的优势，而大多数人可能低估了这一点。

▶ 香港和大湾区

梁鸿标：任何有关香港经济未来的讨论都离不开粤港澳大湾区。香港与大湾区城市的融合会理所当然地越来越紧密。通过纵横两地的新铁路线、公路和桥梁等交通基础设施，香港与大湾区已经密切相连。

香港的经济会被上海或深圳超越吗？香港对内地的重要性会增加还是减少？

霍广行：我看到了很多变化，现在人们开始把香港称为"南深圳"。不是香港，而是"南深圳"。

大卫：年轻人应该扩大视野，看到整个大湾区的机遇和优势。

香港年轻人的一个劣势是普通话不流利。如果只会说粤语，就无法与内地同行竞争。

我们还有香港的法律制度。如果出现纠纷，你想上深圳或珠海的法庭吗？我认为不会。整个地区的民众还是更愿意在香港仲裁纠纷。

麦龙俊：我认为香港融入大湾区是大势所趋。基础设施建设已经开始。以香港在世界上的地位和身份，其仍将是中国的重要城市。

麦嘉华：回顾一下城市的历史，威尼斯也曾在贸易中扮演非常重要的角色，类似于今天的香港作为中国与世界其他地区之间的门户。

你问上海或深圳是否会在经济上超越香港，它们在某些经济领域已经做到了。但香港只要打好自己的牌，依旧能成为中国的重要城市。

李国星：大湾区或许是香港未来20年最大的机遇。香港可以在国际经验、专业知识、金融、商业服务和企业发展方面做出贡献。香港将继续发展成为大湾区国际业务的基地。我们需要更多年轻人到大湾区工作，寻找机会。这个挑战取决于香港本身——香港特区政府和香港人民。

梁鸿标：据统计，如果以香港GDP占中国整体GDP的百分比来衡量，香港的重要性确实随着时间的推移在降低。不过，也可以说，香港作为国际投资进出中国的门户，实际上已经变得更加重要。

目前，流入和流出中国的外国直接投资中约 2/3 途经香港，远高于 10 年前。图 14-2 显示了 2004—2019 年经香港流动的中国内地资本。

这里有一个例子：2014 年推出的陆股通计划为香港金融业带来了利润丰厚的机遇。更重要的是，国际投资者现在可以通过该计划直接投资 A 股。此外，陆股通还让 A 股被纳入全球主要股指中。内地和香港经济互惠互利，这就是香港仍然关键，在短期内无法被取代的原因。

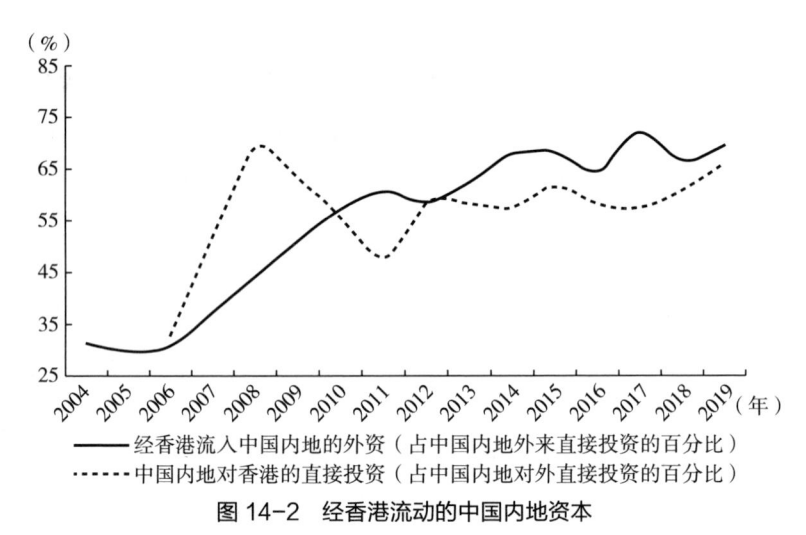

图 14-2 经香港流动的中国内地资本

资料来源：BIS，高观投资。

▶ 高观投资观察

梁鸿标：高观投资和我们的投资者都从香港多元的人才储备

中受益匪浅。今天，高观投资可以自豪地说，我们的员工一半是亚洲人，一半不是；一半是男性，一半是女性。

这在其他亚洲城市是难以复制的。我们相信，多元化且有能力的人才储备是香港和高观投资的众多优势之一。

作为我们的顾问和高观投资的老朋友，我们想听听你们在过去 30 年里对高观投资的看法，以及让你们印象最深刻的是什么。

麦龙俊：对，多元化是高观投资的基本原则。

我想说的是，高观始终如一地贯彻其投资理念至关重要。

此外，高观投资是一个独特的组织，有创建独特优势的能力，如削减费用、返还资本、建立继任规划系统等。许多公司做不到这些。

高观投资乐于保持独立思考，不受短期市场趋势的影响，总是以 5~10 年的时间维度进行规划，这些对企业的经营方式大有裨益。

另外，我们在行政、管理和客户服务方面也很努力。这也是企业经营的另一块基石。

霍广行：高观投资框架。这是成功的关键。高观投资不会为了收取更多费用而试图扩大基金规模。此外，罗兰士愿意与高管分享公司的所有权，只从更大的"蛋糕"中分得更小的一块。

大卫：高观投资善于与所持有公司的所有者和高管建立个人关系。因为他们尊重高观投资，所以高观投资的意见能够被听取，并在重要事项上对公司产生影响。

麦龙俊：高观投资可能无法影响所有投资公司的管理层，但我们的建议经常被采纳，这无疑有利于我们的回报。

坚持不懈是关键。

大卫：你说得对。投资组合中的公司数量相对较少，周转率较低，也给我留下了深刻印象。这是一种专注的投资方式。

李国星：我认为投资理念、严谨的投资过程和无私的企业文化是高观投资最大的优势。

高观投资是一个名副其实的香港成功故事——以团队为导向的文化、最少的官僚主义和扁平化的管理结构，这与总想建立大企业的理念迥然不同。

另一个让我印象深刻之处是不贪婪，这在香港很罕见，代表了一种很好的经营方式。

麦嘉华：高观投资的优势之一是始终专注于为客户赚钱。这与许多基金管理公司和投资银行不同。它们的重点是为自己赚钱，而这从来就不是高观投资的目标。我再重复一遍：从来都不是。

高观投资的首要目标是为客户赚钱。如果客户赚了钱，他们就会留下来，其他人也会投资。我认为，以客户为中心，提供资本加权收益率是高观投资团队的一大强项。

控制基金规模也是如此。当基金在强势市场中表现良好时，他们不希望大量资金流入。当市场过热时，公司甚至会把资金还给投资者。另外，当市场下跌时，高观投资可能会接受更多资金，以便抓住机会。

高观投资是一只一直专注于亚洲的基金。他们本可以通过成立欧洲或拉丁美洲基金来扩大规模，但却没有这么做。他们始终专注于自己最熟悉和最擅长的领域。我认为客户看重的就是这种专注。

20年前，高观投资在中国几乎没有任何投资。后来，团队先于其他投资者意识到，中国企业的管理已经更加完善，中国市场潜力巨大。从 20 年前在中国的投资几乎为零，到现在在中国拥有 50%~60% 的敞口，这是非常勇敢和成功的一步。

梁鸿标：你讲得很全面。在我看来，高观投资售股的能力和意愿是其一大优势。

▶ 高观投资如何更上一层楼？

梁鸿标：自 1991 年成立以来，高观投资已走过 30 年的历程，其间当然也犯过一些错误，但我们努力从错误中吸取教训。在你看来，高观投资在未来几年还能如何改进？

麦龙俊：我认为高观投资的成功不言自明。我不知道你们还能做什么！

李国星：高观投资永远不能停止学习的一个方面是对人的定性评估，无论是企业主、管理团队、员工、朋友等。

麦嘉华：对于高观投资而言，如果公司始终以客户为导向，并保持透明，我相信你们会继续做得很好。

关键就在于要避免重大失误（笑）。我和罗兰士从公司创建起就认识，至今他都是靠着谨慎、耐心和我之前说过的克服个人贪欲来避免错误的发生。

大卫：我有时在想，为什么高观投资似乎对科技股并不特别感兴趣，而在过去 15 年里，科技股已成为市场中不容忽视的力量。这些公司的发展各不相同，并不一定兼容高观投资框架，但我一直在想，也许可以在这一领域里小试牛刀。

梁鸿标：许多互联网公司没有盈利。

高观投资目前持有的三家互联网公司——阿里巴巴、网易和腾讯，有着非常稳健的现金流和较高的经营收益，这让我们能合理地评估它们的价值。这使这三只股票有别于其他科技股。我们并不会对每个球都挥棒，只需要确保在良机到来时一击即中。

霍广行：看来，高观投资的所有高管或多或少都出自同一投资流派。你们可能需要有不同的人加入头脑风暴。

▶ 高观投资的未来 30 年

梁鸿标：请谈谈你对高观投资未来 30 年的展望。你认为公司需要怎么做才能达到或超越以往的业绩？

霍广行：如果高观投资框架能保持每年 14% 的复合增长率，为什么还要改变呢？就我而言，我不认为有必要做出重大改变，也许只需在过程中进行一些微调。

麦龙俊：在学习更多知识的过程中，我们可以对工具箱进行微调和补充，例如将议价能力纳入评估公司的方式中。除此之外，我们没有理由进行改变。

大卫：如果技术在我们的生活中变得越来越重要，而且年轻人也了解技术，那么将技术型人才引入团队对未来几十年的发展将有所助力。

麦嘉华：大多数公司需要考虑的不是更上一层楼，而是如何保持良好的现状。如果过往操作行之有效，为什么还要改变呢？继续以客户为中心，专注于经营方式，投资有限数量的公司，并与这些投资保持密切联系。我认为没有必要改变什么。

是的，技术会越来越重要，但也许更重要的是人们要吃饭。

我不是说你应该把所有的钱都投到餐饮类股票上,而是要保持投资组合的平衡。我会完全复制之前的操作,并维持现状,尤其是在投资理念方面,保持低调,避免在泡沫中过度膨胀。

李国星:我认为高观投资框架不需要有大的改动。

随着值得关注的中国公司越来越多,可以考虑在中国设立一个研究机构。在当地设立办公室就能更接近当地市场。

我们可以将过去30年发生的事情外推。我认为亚洲将成为一个更大的投资市场,并将越来越以中国为中心。例如,在MSCI(明晟)全球指数中,中国的权重目前约为5%,美国约为58%。这并不能正确反映这两个经济体的规模。

如果高观投资继续把重点放在亚洲,那就是在发挥自己的优势,进一步扩大在亚洲的影响力。因此,留在亚洲,并随着亚洲的增长而扩张。

图 14-3 香港风景

梁鸿标：这真是一次精彩而又深刻的讨论。我们全体同仁感谢顾问委员会成员为高观投资所做的一切，以及今天大家在百忙之中抽出的时间。

最后，就让我们用李国星说过的一句话结束这次关于香港的讨论。在 1998 年亚洲金融危机那段暗无天日的日子里，他曾提醒我说："还没有人靠做空香港赢过。"

· 第 15 章 ·

环境、社会和治理：气候差异
——罗兰士撰稿

Illegitimi non carborundum，通常译为"不要让坏蛋把你打倒"。

——仿拉丁语格言

▶ "没问题"

20世纪90年代初，在毗邻香港的广东省，新的工业区正在热火朝天的建设中。缺少设备的工人凭借双手将附近的山丘夷为平地，吊着绳索在山坡上松土。泥土落到山脚后，被装上卡车，运到旧稻田和橘园后，铺成将近两米厚的土层，为新工厂建造基地。

1993年，我参观了其中一家工厂。这家工厂隶属一家生产油漆和溶剂的香港上市公司。我与该公司的经理见过面，他们热情地向我介绍了如何通过在中国内地设厂来大幅降低成本，以及如何在内地市场开拓新的销售机会。他们邀请我参观其在中国内地的业务，并为我安排了行程。

工厂经理满脸笑容，彬彬有礼地接待了我。在办公室喝过茶之后，他带我参观了工厂。

大家都知道喷漆是什么味道吧？特别呛，而且对人体有害。一进入工厂车间，一股化学毒气扑面而来，浓烈刺鼻，呛得我喉咙和眼睛生疼。几十名没有防护措施的工人正在大桶和机器周围忙碌着。这里没有明显的通风系统,只有几台风扇零星地散落在四周,还有两扇开着的小窗户。"化学蒸气对你们的员工没有危害吗?"我问道。"哦,没问题,"经理说,"我们只允许员工在这里工作两年。他们会对烟雾上瘾,因此两年后就必须离开。所以,没问题。"

我们从一个侧门出去,旁边是一条从工厂通往附近溪流的排水暗渠,溪水被缓慢流动的油污染成了彩虹色。我指了指这些有毒废弃物,经理马上说道:"没关系,没问题。"

一回到香港,我就对公司提出了投诉,他们说会调查一下……但没有人真正关心这个问题。当然,我们最终没有投资这家公司。但"没问题"并不是解决问题的办法。对我和高观投资来说,负责任的行事标准被永远地、不可妥协地提高了。

▶ 环境、社会和治理责任

以下节选自高观投资 2020 年 3 月的季度报告:

鉴于投资者、金融机构和媒体对环境、社会和治理工作的高度关注,我想借此机会重申一下高观投资在这方面的承诺,这一承诺在过去 30 年里已经成为高观投资文化的一部分。高观投资者应该对我们在治理和社会上的努力有目共睹,但我们还从未公布过与环境相关的工作,而这封信的目的正是要揭开这层神秘面纱。首先,我想举几个例子,来展示我们在治理和社会上的工作成果。

现代金融技术。公平地讲，高观投资自 1991 年在麦嘉华的办公室成立以来，就一直在为改善公司治理和资本管理而奋斗。虽然我们在加强亚洲公司治理方面的工作按规定是保密的，但毫无疑问，现代金融技术对于高观投资的业绩而言功不可没。

我们对公司治理的承诺也涉及高观投资自身。9 年多前，我们开始向第二代和第三代领导层过渡，这符合全体高观投资者的长远利益。

高观投资对多元化的重视对公司发展的方方面面都大有助益。如今，高观投资的员工一半是女性，一半是男性；一半是亚洲人，一半是西方人。就地域而言，我们的亚洲同事来自亚洲各地，西方面孔也出身世界各国。员工的年龄中位数为 41 岁。多元化是公司的核心优势。

近 20 年来，我们一直避免选择所谓的"金字塔底层"公司。这些公司利润低、资本投资强度高、负债累累，缺乏资源来应对所面临的社会和治理挑战。

亚洲并非完美无缺，但在社会和治理问题上正稳步前进。我们相信，在未来 10 年，全球环境、社会和治理运动的发展将进一步改善所有利益相关者的处境。

环境：为下一个 10 年而战

在不降低社会和治理重要地位的前提下，气候变化对投资组合造成的威胁将是公司在未来 10 年面临的重大挑战之一。下面，我想谈谈高观投资在应对气候变化问题上长达 10 余年的努力。

罗兰士的经历

　　2005 年,我和家人开始在洪都拉斯农村建造节能炉灶。一位客户得知这个项目后,便将杰里米·格兰瑟姆介绍给我,他是资产管理公司 GMO 的创始人,也是金融界的先锋气候活动家。第一次见面后,杰里米就向我们刚刚起步的炉灶非营利组织捐赠了一万美元。在随后的波士顿之行中,我们也有机会坐下来一起畅谈世界,热烈讨论了有关炉灶的事情,他在法国电力公司(EDF)、世界自然基金会(WWF)和瑞尔保护协会(Rare)的工作经历,以及自愿碳市场、总量管制与交易制度、人口控制、股市、基金管理业务、中国应对气候变化的措施等议题。有一次,他悄悄建议我读一读斯特恩勋爵(Lord Stern)的著作《气候变化经济学》,这本出版于 2006 年的专著让我看到了气候威胁的全球性。在我接下来的一次波士顿之行中,杰里米同意配合我的投资,为灶具计划"米拉多项目"(Proyecto Mirador)提供一部分资金。

　　我和家人与格兰瑟姆环境保护基金会携手,为洪都拉斯、危地马拉和尼加拉瓜的贫困农村家庭建造了 24 万个节能炉灶。

　　出乎我和杰里米意料的是,非营利组织米拉多项目通过出售黄金标准认证的碳信用额度实现了内生资金驱动的增长。在过去的 13 年中,米拉多项目的碳认证过程给我们上了一堂有关高质量碳减排要素的课。"额外性"的意义何在?所谓的减排量真的是"额外的"吗?减排量计算中是否存在偷工减料?基线排放水平是准确还是夸大?在碳信用额交易中存在哪些利益冲突?

我之所以啰唆地讲述这些故事，是因为我与杰里米的关系是高观投资理解和看待气候变化的基础。如果没有我与杰里米的经历，高观投资很可能会像许多其他基金经理那样，对投资者在未来10年将面临的风险和机遇视而不见。值得庆幸的是，我们并没有这么做。

高观投资的经历

14年前，高观投资及全体员工开始执行一项政策：用米拉多项目的黄金标准碳信用额抵消我们的碳排放量。坦白讲，抵消碳排放的想法最初是为了鼓励同事们回馈社会。然而，不出所料，分析师们对气候变化的现实和碳信用额度的有效性提出了质疑。在此过程中，他们加强了对气候威胁的学习和关注。

10年前，高观投资委员会正式通过了一项年度政策，即出于环境原因，将一个或多个行业排除在我们的可投资领域之外。史怀正和我首先剔除了煤炭开采业，接着是化石燃料业，最近又剔除了金属开采业。在采取这些行动的过程中，我们认识到，抵消碳排放和从高排放行业撤资只是第一步。

这些举措背后更大的积极影响在于，提高了高观投资对能源转型所带来的诱人投资机会的集体认识。

与公众舆论相反，气候变化并不全是不利因素。我们在2013年对亚洲最大的可再生能源公司、中国成本最低的发电厂——中国长江电力股份有限公司的投资证实，气候变化对投资者来说也有好的一面。

是解决方案还是问题？

从根本上说，高观投资认为，政府间气候变化专门委员会（IPCC）提出的到 2030 年全球碳排放量减少 50% 的目标雄心勃勃，但基本不可能实现。因此，气候变化对我们所投资公司构成的多重威胁将继续存在，甚至会加剧。

高观投资预测，在未来 10 年内，投资者将根据降低运营及地球碳强度的承诺和能力，来评判几乎所有上市公司。投资者将决定把公司视为"解决方案"还是"问题"，并在股票估值上有所体现。那么，是什么让一家公司有资格成为"解决方案"呢？

"解决方案型"公司的特质

高观投资对企业环境行为分析的核心由三点构成。许多高观投资者可能会对分析范围过窄而有所非议，但在我们看来，减少大气中二氧化碳的过度积累是当务之急。高观投资所采用的方法将有助于制定未来的解决方案，从而为我们提供切实有价值的投资见解。我们需要：

- 清楚了解气候变化对当前和未来投资组合中所持资产的长期影响。为什么这项投资是一个"解决方案"，而非"问题"？我们的工作包括分析搁浅资产和负债、实际气候风险、转型风险以及在这个瞬息万变的世界里特定公司的演变。我们必须以开放的心态来应对，"解决方案型"公司将出现在许多投资者尚不了解的行业中。
- 详细的企业排放数据应透明、可核查，并根据全球公认的规范进行核算。虽然这听上去很容易，但实际上碳核算异常复杂，隐藏着许多陷阱。企业可以通过各种方式操纵其排放足迹和披露信息，普通投资者很难发现或理解。要得出准确的结论，高观投资必须具备相关的碳核算技术知识。
- 每位首席执行官和董事会都要明确参与制订基于科学的计划，以降低碳强度，并以符合《巴黎协定》目标（即将全球气温升幅控制在 1.5 摄氏度之内）的方式分配资本支出。仅把这项工作甩给首席财务官或首席可持续发展官是远远不够的。高观投资希望首席执行官和董事会能够透明地参与其中。

我们的分析有别于投资管理行业的现行标准。我们认为，行业中充斥着大量毫无意义的环境、社会和治理分析，其目的只是应付投资者在这方面的要求。而且，我们并不想贬低水资源、同工同酬、空气污染或其他社会与治理因素的重要性。但在我们看来，以上这些因素所带来的风险无法与气候变化相提并论。

气候分叉

高观投资认为，持有"问题型"股票的投资者将付出高昂代价，而"解决方案型"股票则会给投资者带来回报。我们称之为"气候分叉"（The Climate Bifurcation），其中的差异已经通过股价得到验证，下面我们将举例说明（见图15-1、图15-2、图15-3、图15-4）。

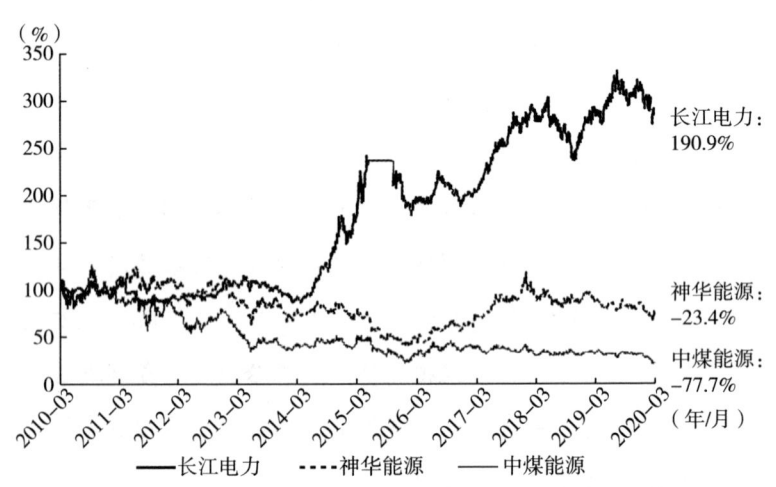

图 15-1　总回报：长江电力对比中国煤炭企业（10年）

注：股价调至100，并根据股息进行调整。
资料来源：彭博。

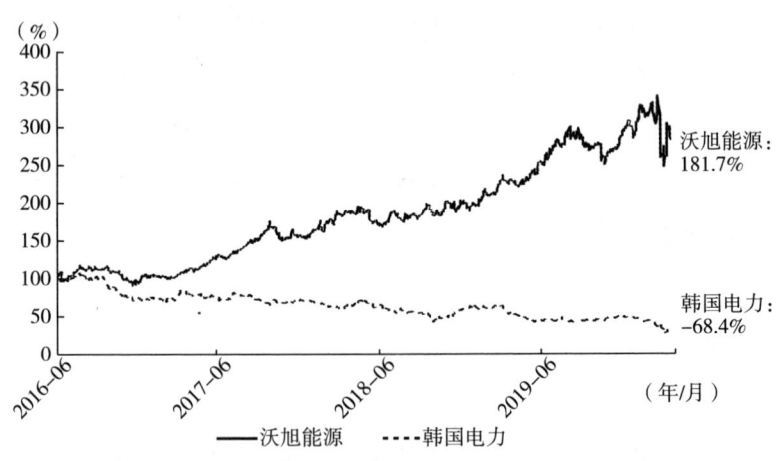

图 15-2　总回报：沃旭能源对比韩国电力（自首次公开募股以来）

注：股价调至100，并根据股息进行调整。
资料来源：彭博。

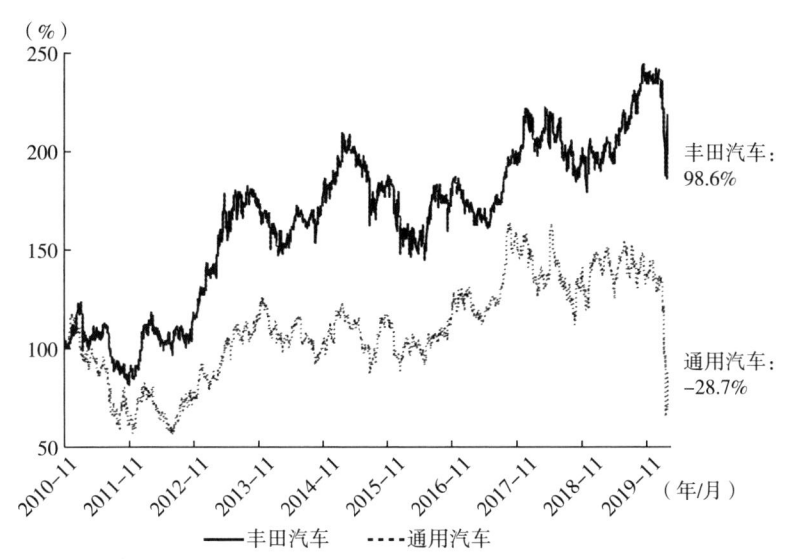

图15-3 总回报：丰田汽车对比通用汽车（自首次公开募股以来）

注：股价调至100，并根据股息进行调整。
资料来源：彭博。

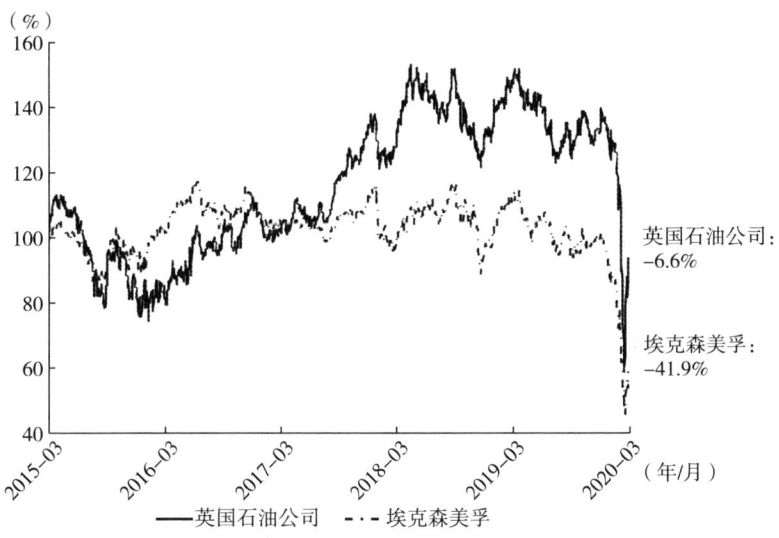

图15-4 总回报：英国石油公司对比埃克森美孚（5年）

注：股价调至100，并根据股息进行调整。
资料来源：彭博。

我们认为，这些案例只是趋势的冰山一角，许多行业的估值将因此出现分叉。纷至沓来的气候坏消息更让我们坚信这一估值分叉将是未来10年不可逆转的趋势。

高观投资的行动

高观投资将持续推进员工和公司的碳抵消计划，并将在未来撤出更多的特定行业。我们还将依据上述"解决方案型"公司的特质来分析我们的持仓。为了实现一致、综合性的跨行业分析，我们安排了专门的研究分析师王小溪与投资团队的各成员通力合作，进行详细的技术审查。王小溪现在已经是碳核算及碳排放相关领域的专家。

投资组合中的每家公司都会获得一个环境得分。2019年是我们进行评级的第一年，由于企业排放数据披露不充分，我们的投资组合中有44%的企业获得了不及格的环境评分。尽管通过对同行业公司的分析，我们大致了解了这44%的企业的碳排放量，但亚洲企业和高观投资组合的相关数据远落后于西方同行。前路漫漫，任重道远。

环境、社会和治理运动的兴起让高观投资有机会下更大力气解决存在于亚洲的一些不尽如人意的问题。自2020年起，我们开始以私下和保密的方式，将所投资公司的环境得分告知其董事长和首席执行官。这次我们所采用的沟通方法与过去20年来助力现代金融技术大获成功的技术如出一辙。每封信件都将保证私密性、基于事实、诚实、详细和有礼，涵盖了对当前工作的回顾，并提出具体行动建议。虽然罗马并非一日建成的，但我们也没有几十年的时间可以浪费。

接下来是好消息

2017年以来，投资组合中的一些具体案例显示了我们的私密沟通加快了对气候变化解决方案进行负责任投资的部署。这些行动证实了各个公司的"解决方案"属性，是可以在未来同舟共济的可靠伙伴。我们相信，环境、社会和治理运动的兴起将进一步放大高观投资的声音。作为投资者，我们对此倍感兴奋。

结语

我的父亲总说，从事投资管理的最大好处就是投资者每天都能学到新东西。我们今天共同面对的环境挑战也确实会给投资者带来许多学习和行动的新机遇。值得庆幸的是，高观投资在这段旅程中已经走出了很远。

结语 高观投资框架不容小觑

> 还有一件事……
>
> ——神探可伦坡，
> 出自热播 14 年的电视剧《神探可伦坡》

在本书的开头，我提出了两个问题：

（1）高观投资是如何成功的？
（2）高观投资如何能确保未来的成功？

要回答第一个问题，我想引用本书开头的两段话：

"30 年来，我们以 14.3% 的速度持续增长，平均每年的表现较大盘高出 6.5 个百分点。更重要的是，我们为高观投资者带来了 14.2% 的回报。在我们的基金规模从小型扩增至中型，又发展为大型的过程中，我们始终跑赢大盘。以前我选股时，我们每次的表现都更胜一筹，现在我几乎不选股了，而我们的表现依然出类拔萃。

"唯一合乎逻辑的可信解释便是，我们的成功源自对高观投资框架始终如一的贯彻，这让我们对未来充满信心。"

综观全书，我们解析了高观投资框架的各个组成部分，详述了投资理念如何在翔实财务分析的支持下，将投资组合推向高观金字塔的顶端，以及如果能将投资组合保持在金字塔顶端超过5年，那么超额收益的获取将不再遥不可及。我们还重申了对高观商业操作的坚持，尤其重点介绍了几乎可以保证将超额收益切实交付给投资者的法定认购上限。如果卓越的业务模式不能与无利益冲突的商业操作相辅相成，那么实现丰厚回报的能力就会缩水。

我们展示了高观投资如何搜寻兼顾卓越业务模式和商业操作且旨在为股东创造长期价值的公司。与投资经理的情况一样，除非公司能够将卓越的业务模式与恰当的商业操作相结合，否则就无法为股东创造价值。我们也分享了这一路走来成功和失败的案例。

卓越业务模式与商业操作的有机结合为高观投资带来了回报。在此，我要感谢 CP All、建滔、网易、大家乐、泰国再保险等优秀企业，以及谢国民、张国荣和陈永锟、丁磊、陈裕光、素拉猜等杰出高管。

至于第二个问题，我们全员对高观投资的未来保持乐观，原因在于构成高观投资框架的一系列基本要素。

- 我们通过"传承计划"，来确保高观投资向第二代、第三代甚至第四代领导人的稳步过渡。
- 我们的团队既崇尚多元，又能坚定地团结一致。我们始终甘苦与共。

- 我们的股票分析理论以高观投资理念的核心内容为基础，严密的投资框架和周详的财务模型是发现机遇与风险的关键。
- 我们以"为投资者带来回报"为宗旨进行商业操作。
- 过去所经受的诸多挑战让我们对高观投资框架充满信心。
- 我们见证了这一框架的演变、成长、推陈出新及应对挑战，但从未想过要放弃。变化是常态，而高观投资框架是基石。

未来充满变化：有牛市，就会有熊市；有好股票，也会有失误；时不时地，还会有人进进出出。但只要坚持执行高观投资框架，机会就会站在我们这边。

延伸阅读　熊市的价值
——麦嘉华撰稿

▶ 麦嘉华小传

麦嘉华博士是高观投资的第一位朋友。在 1991 年我创业的初期，是他大方地将一间空闲办公室借给我。多年来，麦嘉华在他久负盛名的《股市荣枯及厄运报告》中收录了多篇来自高观投资的文章，所以我很高兴有机会将他的大作收入本书中。麦嘉华是当今世界上最敏锐且高产的金融市场评论家之一。他的见解在高观投资的发展历程中留下了不可磨灭的印记，我始终对他的贡献心怀感激。这篇文章让我们得以一窥麦嘉华独特的熊市历史观。祝大家阅读愉快。

▶ 熊市的价值

按通胀调整后，自 1982 年道琼斯工业平均指数跌破 800 点以来，尽管股票价格的变动并不规律，但整体一直处于上升趋势，因此投资者对牛市的习以为常也就不足为奇了。

所有牛市的共通之处在于，会在某些股票或行业中发展出一些领头羊。在1970—1973年的牛市中，领涨股主要集中在"优质成长股"（漂亮50），1974—1980年，则转变为矿业、石油和能源相关的股票，在1994—2000年的牛市中，投资者重点关注科技、媒体和电信行业。

牛市的另一个特点是，由于特定行业的领涨股扎堆，因此不可避免地会导致某种"泡沫"或"投资狂热"。金融史学家查尔斯·金德尔伯格（Charles Kindleberger）生前写道："'狂热'这个词……意味着远离现实或理性，甚至近似于集体歇斯底里或精神错乱。"

牛市中这一阶段的投机性最高，关键就在于它造成了资本的不良分配。渴求业绩的投资者和短期投机者的资金流入涨势最猛的"泡沫"行业。紧跟这一投机阶段而来的是媒体对"新时代"股票的追捧，以及与投机主题相关的新股大量发行。对于价值投资者而言，这是牛市中最痛苦但也最有趣的阶段。为什么呢？说它痛苦，是因为价值投资者的表现都将逊于由短视领涨股推动的股市飙升。说它有趣，是因为全世界的资金都流向了"热门"行业，而完全忽视了其他经济领域。经济学家将这一现象称为"资本配置不当"，沃尔特·白芝浩（Walter Bagehot）在其有关历史学家爱德华·吉本（Edward Gibbon）的一篇文章中指出："关于恐慌和狂热的文章已经有很多了，即使我们拥有最广博的智慧，这些文章的数量也远远超过了我们所能理解或想象的范围，但有一件事是可以肯定的，那就是在特殊时期，大量蠢人会赚到大笔蠢钱。"

而现在，由于"大量蠢人"握有"大笔蠢钱"，被忽视的行业或国家的价值被低估到了极点，为有耐心、有纪律的投资者带来了"大量终生投资的机会"。

就像黑夜紧随白昼一样，投资狂热之后是严重的熊市（以实际价值计算更甚），在熊市中，泡沫行业被消灭。当然，我十分同意已故的利昂·利维的观点，他说："对大多数人来说，最危险的自我欺骗是，即使市场下跌也影响不到他们的股票，因为他们是出于对价值的深刻理解才买入了这些股票。"然而，我们需要认识到，一只被忽视的股票或一个被忽视的行业，从定义上讲，其估值将变得颇具吸引力，但其流动性也很差。之所以如此，是因为当这个行业不再热门的时候，它便从"弱手"投资者转移到了"强手"投资者手中，而知情人士和深度价值投资者只愿意在价格较高时抛出。

股票的狂热高峰在随后不可避免的熊市中必然会导致领涨股的更迭，正如中国的一句老话所说："墙倒众人推。"因此，"大量蠢人"手中的"大笔蠢钱"会从投机者手中流出，在市场中寻找其他新机会。

自高观投资于1991年成立以来，我便一直是其投资者，我信任我们的"基金守护者"——我的老朋友罗兰士和他异常能干的团队，他们深谙熊市的重要性，把资金从市场中估值过高的行业转移到了大多数人并不看好的国家、商品、股票、地产或债券上。

毫不夸张地说，在过去30年里，高观投资团队的亮眼表现从未让人失望。那么这一傲人纪录还能继续保持吗？

我对高观投资框架充满信心，因为它是诚信（与客户利益保持一致）、勇气（经过大量分析后，在价格合适的公司集中持有大额头寸）、耐心（所有投资者都觉得自己有耐心，直到投资价值下跌 10% 时，他们便开始急躁不安起来）和纪律（自控能力能让你更加强大和优秀）的结合。

20 世纪 80 年代中期，罗兰士刚来到香港时，我就与他相识，亲眼见证了他以有限的资金从零开始创办高观投资，凭借着过人的诚信和资本收益将基金做大做强，并建立了一支出色的专业团队，这是我人生中一段收获颇丰的经历。

我衷心地要对高观投资说一句"生日快乐"，并祝愿它能永不止步。

致谢

高观投资的三十周年庆,也是高观投资者的节日。与投资者的紧密联结为我们的工作赋予了重要的意义,也是投资者的高瞻远瞩,才让投资理念和商业操作衍生出高观投资的安全边际。但很抱歉,由于篇幅有限,我们在此无法一一提及这几十年来一直支持我们的每一位投资者。

我很高兴《铸就》让我有机会感谢众多企业高管为高观投资的成功所做出的贡献。能与这么多才华横溢的企业家交流,我们深感荣幸,也向那些未能在书中提及的亚洲高管表示歉意。

2020年圣诞节,我坐在夏威夷的海滩上,意识到写书比我想象的更具挑战性,也更耗时。我的家人给了我莫大的支持和鼓励,让我倍感欣慰:我的妻子丽尔一直给予我温柔的肯定,即使我知道她心中其实已经烦不胜烦;我的兄弟吉姆与菲利普的指导、见解和一如既往的幽默帮助我应对新的挑战;我的孩子斯凯和布雷克,以及我的女婿塞斯和儿媳迪娜,让我有信心完成本书。当然,还有我的母亲斯塔尔,她对我在经历了儿童教育时期的重重困难之后还能写出一本书感到非常高兴。

《铸就》让史怀正、冯良怡、梁鸿标、莫艾伦和我有机会对高观投资框架做出迄今为止最详细的解释。我要感谢高观投资的全体同仁及其家人，感谢他们对《铸就》提出的意见和对高观投资的奉献。我特别要感谢王小溪和林釜浩，他们都是高观投资团队成员，他们为《铸就》中文版的出版付出了巨大努力。将他们的贡献仅仅描述为"翻译"远远低估了他们对《铸就》的作用。没有他们的付出，《铸就》就不能问世。

我还要感谢詹姆斯·哈克特、埃丝特·亚当斯和克雷格·皮尔斯（Craig Pearce）及哈里曼书屋（Harriman House）出版社团队对本书的支持。近50年来，我一直知道詹姆斯是一位优秀的作者，能够成为第一个把他的名字印在书封面（本书英文版）上的人，我感到十分荣幸。詹姆斯从创立之初便陪伴高观投资一路成长，因此他最能帮助我们厘清书中的故事和理论。15年来，埃丝特一直是我的得力助手。我始终认为她有能力胜任这个世界上最大型公司的董事长助理，她最终选择高观投资是我的幸运。我的编辑克雷格·皮尔斯和他在哈里曼书屋出版社的同事们是帮助我完成本书的最佳人选。克雷格承担了大量的编辑工作，每次都一针见血，既要求精益求精，又保证了我的个人风格。这是一次美妙的经历。没有埃丝特、詹姆斯和克雷格，就不会有《铸就》。

我还要感谢一大批良师益友所做出的贡献，但遗憾的是，他们都已不在人世，无法知晓他们给我带来的深远影响，其中包括我的父亲老罗兰士、乔治·巴特利特（George Bartlett）、乔纳森·布什、巴里·梅茨格、利昂·利维和大卫·史文森。我还要感谢那些仍陪在我身边的良师益友，他们是多娜·艾米利亚·门多萨（Doña Emilia Mendoza）及其米拉多项目的同事、杰里米·格兰瑟姆及其团队、非营利性环保组织 Cool Effect 和满潮基金会（High Tide Foundation）的朋友、艾清琪和乔恩·津克（Jon Zinke）夫妇、米米·赫顿（Mimi Hutton）和皮博迪·赫顿（Peabody Hutton）夫妇、蒂姆·努南（Tim Noonan）、"末日博士"麦嘉华以及所有为我的生活添彩的朋友。

同时，我也要感谢那些在我需要帮助时热情伸出援手的人——高观投资顾问委员会的成员：霍广行、大卫·霍尔珀林、麦龙俊、李国星，以及谢清海、普雷姆·瓦特萨、泰德·西德斯、安东尼奥·福利亚（Antonio Foglia）、保拉·沃伦特、大卫·帕特森（David Patterson）、克罗斯比·史密斯、吉姆·鲁迪（Jim Ruddy）、张明雄、德斯蒙德·金奇（Desmond Kinch）、查尔斯·加夫（Charles Gave）和他的儿子路易·加夫（Louis Gave）、素拉猜·西里瓦洛普、埃里克·桑德隆德、简·格里尔（Jan Greer）、彼得·西蒙（Peter Simon）和孙又文博士。是他们的无私帮助成就了高观投资和《铸就》。

最后，我要向香港人民表达我的敬佩和感谢，1985 年，当我这个从纽约来的老外和妻子背着两个背包、身无分文地来到香港时，是他们张开双臂接纳了我们。他们的活力和创业热情开阔了我的眼界，给了我第二个家，让高观投资成为可能。